TBM

TECHNOLOGY
BUSINESS
MANAGEMENT

ITファイナンスの方法論

Apptio株式会社
代表取締役社長
成塚 歩 著

TBM

TECHNOLOGY
BUSINESS
MANAGEMENT

ITファイナンスの方法論

本書について

デジタル技術の力によって経営やビジネスを変革していくことが求められています。しかし、実際にＩＴを導入していく段階では、経営層、ＩＴ部門、ビジネス部門やファイナンス部門にわたり課題があります。その課題とは、今日のＩＴ投資が、ビジネス全般に関わり、社内外のステークホルダーが数多く関係すると同時に、予算も大きくなり、導入するシステムも従来のシステムに加え、クラウド、ＳａａＳなどが相互に連携した複雑なものになってきていることです。

こうした複雑化し、大規模化するＩＴ投資のポートフォリオをどのように管理していくか？投資の優先順位をどのようにつけるのか？

ＩＴ部門とビジネス部門が、ＩＴ投資に関してお互いに理解できる言葉で会話できるか？

ＩＴの価値を最大限に引き出すためには、このような課題を解決し、ビジネスの目標達成に向けた共通の認識を持って、全社的に取り組むことが必要です。

本書で紹介するテクノロジー・ビジネス・マネジメント（Technology Business Management：以降ＴＢＭ）は、これらの課題を克服するためのフレームワークを提供します。本書は、国内ではじめてのＴＢＭ解説の本となります。

本書を読むことで、次のようなことを実践できるようになるはずです。

・ＩＴ投資の優先順位付けを改善する
・ビジネスに必要なＩＴコストを最適化し、変革のための取り組みを加速する
・ＩＴの支出や効果について、最適な形で可視化し、意思決定を迅速化する
・社内外のビジネスパートナーやステークホルダーと共通認識をもって議論を行なう

はじめに

真に価値を生むIT投資のために

本書の著者である私は、TBMという方法論に基づくソリューション「Apptio」を提供する米国Apptio社の日本法人の代表です。

Apptio社の日本法人を設立したのは2020年の4月1日。その時に持っていたApptio社の印象は、TBM（Technology Business Management）という方法論を持ち、その方法論に基づいたIT部門向けのSaaSソリューションを提供する会社という認識程度で、TBMについても、ITコストの可視化やITコストの最適化を実現する方法論というくらいで、決して深い理解をしていたわけではありませんでした。

しかし、Apptio社が持つソリューション、TBMという方法論を知れば知るほど、日本のお客様のためになる、変革が求められている今こそ日本のお客様が必要としているものだ、という確信に変わっていきます。その理由は、まず方法論自体が地に足のついたものであるということです。これはＣＩＯの悩みを解決するという目的からＴＢＭが創出されたためで、現在も「ＴＢＭカウンシル」というコミュニティを通じてＣＩＯの課題を把握し、その解決のために漸次、改善が加えられています。

次に、この方法論がＩＴファイナンスプロセス全般をカバーし、それぞれをベストプラクティスに基づいて洗練させることにより、継続的な運用費の削減と限られたＩＴ予算の有効活用に寄与できるということです。つまり、ＩＴファイナンスを高度化できるということです。これはデジタルトランスフォーメーション（Digital Transformation：ＤＸ）を求められている日本のお客様に必ず役に立つはずです。

最後にその方法論の実現のために最適化されたソリューションが存在するということです。机上の空論に終わらせるのではなく、実行を支援し、実際の価値を日本のお客様に届けることができます。地に足のついた方法論と、方法論の実行を支援するためのソリューションが存在することは、昨今、多くの責務を担っているＣＩＯやＩＴリーダーにとって必ず有益なものになります。

前職である日本マイクロソフトに在籍していた時から現在まで、私はＩＴの世界での「日本の遅れ」を感じています。ＤＸが叫ばれていますが、まだ大きな勢いを感じることができません。それは、ＩＴ部門とステークホルダーとの「距離」も大きな一因だと考えています。

経営とＩＴとの「距離」、ＣＥＯとＣＩＯとの「距離」、あるいはＣＤＯとＣＩＯとの「距離」もあるかもしれません。この「距離」は、人材や組織、文化に由来するものもあるため、一朝一夕に解決することはできませんが、近づけるための方法はいくつか存在します。ＴＢＭはＩＴのファイナンス面からこの課題にアプローチをするものです。

ＴＢＭのカバーする領域は非常に広範にわたるものですが、本書の中で余すところなくお伝えしたいと思います。欧米の大手企業１８００社以上で採用されている事実もあり、２０２０年４月の日本法人登記から現在に至るまで、日本のお客様と共に得た経験、知識も共有をさせていただきます。

これからは間違いなくテクノロジーがビジネスの主役になります。すでに主役になっている領域もあります。本書は、ＣＩＯや次世代のＩＴリーダーの方々、テクノロジー投資について意思決定をしなければならない経営者の方々、ＤＸを進めなければならない事業部の責任者の方々に有益なものになると信じております。本書を通じて、ＴＢＭという方法論が日本の皆さんの知るところになり、日本企業のＤＸ推進に少しでも貢献できれば幸いです。

TBMとは何か?

そもそもTBMとは、ERP（Enterprise Resource Planning）やCRM（Customer Relationship Management）、SCM（Supply Chain Management）などと同じ、カテゴリーや概念、方法論を表す3文字略英字のひとつです。Technology Business Managementを略してTBMと呼んでいます。TBMも概念や方法論ですが、日本ではまだあまり知られていないものになります。Apptio社入社直後、TBMの手がかりを掴もうと、試しにグーグルで「TBM」と検索しても、説明するサイトは、執筆時点では出てきませんでした。これは単に私たちの努力不足なのかもしれませんが。

このような状況だったので、TBMを正確に把握していくとなると、頼るのは社内の資料しかありません。もちろんすべて英文であり、パワーポイントの資料になるため、行間が読み取れません。私の性格もありますが、とにかく正しく、きちんと理解しないと気が済まないため、頼みの綱の社内資料はすべてが英語ということと、行間を読み切れないことに少しフラストレーションが溜まっていました。私は社内資料の読破というアプローチと並行して、次のように考えました。「結局、何らかの課題を解決するものであるから、まずは課題をきちんと理解すべきだ」、「その課題はお客様が直面しているはずだから、お客様に直接伺えばいい」、「お客様が求めている解決策がＴＢＭなのだろう」と、今考えると失礼な話ですが、一日に必ず一回はお客様やパートナーに社内資料をベースに打ち合わせさせていただきました。お客様にＩＴファイナンスの実務における課題と、どのような解決策を講じているかも尋ね、打ち合わせが終わってから、社内の資料を見ながらＴＢＭが提供する価値を自分の中で腹落ちさせていきました。このように前職時代にお世話になったお客様にいわば「壁打ち」に付き合ってもらいながら、ＴＢＭについての理解が少しずつ進んでいきます。

余談になりますが、ＴＢＭの理解を進めていく中で、パワーポイントの資料の中に同じような文脈で、“Depreciation”と“Amortization”という単語が使い分けられていることがありました。どちらも償却や減価償却費の意味になりますが、その二つの単語をなぜ使い分けているのかが気になりました。今でこそ、ハードウェア資産の償却を“Depreciation”、ソフトウェア資産の償却を“Amortization”と理解していますが、当時は、管理会計上の用語が英語で表現されていることに加え、そもそも正確には理解できていないＴＢＭの資料の中で使われているため、かなり苦労しました。

今度は自社の社員に訊いたほうがよいと思い、オーストラリアの支社に所属し、前職でＣＩＯだった社員に時間をもらいました。彼からＡｐｐｔｉｏのソリューションについて話を聞く中で、「これは日本のＣＩＯに必ず役に立つよ」との答えだったので、その場でＴＢＭについて教えてほしいと頼むと、「そんな時間はない。少なくとも3時間はかかる」と答えます。では、どうやってアプローチすればよいのか尋ねると、トッド・タッカー（Todd Tucker）という人物の名前が挙がりました。トッド・タッカーはＴＢＭカウンシルのリーダーで、『Technology Business Management』（Technology Business Management Council 2016）という書籍の著者でした。アマゾンで検索すると洋書ですがこの本が出てきます。「これだ！」となり、早速購入し、読み始めたのが、立ち上げから3カ月経った7月。私はそれから今までにこの本を5回読み（本当です）、ブログを書き、スライド92点のパワーポイントを作り、社員への勉強会、お客様やパートナーへの勉強会を幾度となく開き、さまざまなお客様へＴＢＭをベースとした提案を行ない、今では30社以上のお客様にご契約いただいています。

ＴＢＭについて勉強会では4時間をかけますが、一行であれば、このように述べています。「テクノロジーによって生み出されるビジネス価値の最大化を目的としたＩＴファイナンス高度化のための方法論」

実践的な方法論として、日本のお客様にも価値を感じてもらえているＴＢＭについて、これから紹介・説明したいと思います。

Ａｐｐｔｉｏ株式会社 代表取締役社長　成塚 歩

CONTENTS

CONTENTS

TECHNOLOGY BUSINESS MANAGEMENT

第1部

TBMとは何か

IT投資の課題とそのソリューション

第１章

ＩＴファイナンスマネジメント

――ＩＴ導入をめぐる「分断」という課題を解決する

IT部門を取巻く環境と課題

昨今、デジタルトランスフォーメーション（Digital Transformation：DX）がさまざまなところで叫ばれています。「DX」をキーワードにしたセミナーが数多く開催され、関連する書籍も溢れています。デジタルを使って既存のビジネスを変革する、組織や働き方を変革するという動きがあることに間違いはありません。実際に私が会っている顧客企業も、DX投資を加速させています。

これだけを見るとデジタルを使ったトランスフォーメーションが進んでいるようですが、実態を伺うと必ずしも上手くいっていないように見受けられます。組織文化、経営層のサポート不足、人材の欠如が原因であると顧客担当者からは聞きますが、私は突き詰めるとIT部門を取巻く「分断」に原因があると考えています。組織内の分断、戦略と実行の分断、そして今は同じくテクノロジーの活用を推進すべきCIOとCDOの分断も顕在化しているようです。

歴史を振り返ってみても「分断」が起きている組織から良いパフォーマンスが生まれることはありません。古くは旧日本軍の例が典型です。『失敗の本質—日本軍の組織論的研究』

（１９８４年）によると、参謀本部は戦略だけを行ない、現場は参謀本部を無視して暴走し、戦局の悪化を招きました。

一方、アメリカ軍は定期的に人事ローテーションを行ないながら、戦略と実行の分断を避けていたという事実があります。私はＤＸの推進においても同じことが当てはまると考えています。「分断」を放置したままでは、変革は起こせません。社会においては「分断」の行き過ぎが、フランス革命や明治維新のような革命を引き起こすこともありますが、組織においての「分断」は変革や再編成を阻害し、事業継続を危うくするものです。

本書ではテクノロジービジネスマネジメント（Technology Business Management：ＴＢＭ）という、**テクノロジーによって生み出されるビジネス価値の最大化を目的とした、ＩＴファイナンスを高度化する方法論**を説明していきます。その中で、ＤＸの懸念となり得る、ＩＴ部門を取巻く「分断」が何かを明らかにし、「分断」を解消する方法としてＴＢＭを紹介していきたいと考えています。

DXを阻害する「分断」

DXについては人によって持っているイメージが異なると思います。一言でいえば、デジタルテクノロジーを使った**ビジネストランスフォーメーション**ということではないでしょうか。これまでにないビジネスモデル（What）を新たなテクノロジー（How）で創出するということです。身近な例としては、もう新しいものではなくなってしまいましたが、配車サービスのUberや動画配信サービスのNETFLIXなどがあります。法人ビジネスの市場ではロールスロイス社の事例があります。航空機向けのエンジンを作っているロールスロイス社は、エンジンにセンサーを付け、そのエンジンが取り付けられた航空機が飛んでいる間、エンジンに付いているセンサーが気流、燃料、気象の情報をリアルタイムに収集・分析しています。それによって最適な航路のリアルタイムでの提案や、エンジン整備に必要な情報を渡航先の空港に待機しているエンジニアに事前に送るというサービスを航空会社に提供するのです。このことにより、運航の効率化だけでなく、メンテナンスなどの関連業務の改善も実現しています。これらはテクノロジーを使った新たなビジネス創出、つまりDXの代表的な事例と言えるでしょう。

DXはWhatとHowが上手く組み合わさってはじめて成立します。WhatからHow

を考えるのか、ＨｏｗがＷｈａｔをつくり出すのかについては、卵が先か鶏が先かの議論と同じです。いずれにせよ、ＷｈａｔとＨｏｗの調和された組み合わせからＤＸは実現されるのですが、両方を高いレベルで実行できる人はめったにいません。スティーブ・ジョブズやイーロン・マスクのような天才と呼ばれる人に限られます。一般的にはＷｈａｔとＨｏｗについては複数の人や組織が一緒になって考えていくものであり、日本の企業においては、一人ですべてを決めるということ自体そもそもありません。その意味で、私たちがＤＸを実現するためには、複数の人々や部門がそれこそ一緒になって推進していかなければならず、部門間の分断、特にテクノロジーを所管するＩＴ部門と他部門との間で距離があるのであれば、それはＤＸ推進の大きな懸念となってしまいます。

ビジネス部門との分断

現在、テクノロジーがビジネスの中心になっているにもかかわらず、ＩＴ部門の社内における立ち位置は必ずしも高くありません。事業部門という枠組みで捉えた際、ＩＴ部門の歴史は営業部門より浅く、企業という枠組みで捉えた際も、私が新卒で入社した日本総合研究所は、元は住友銀行の情報システム部門がスピンアウトしてできた会社で、やはり長い歴史はありません。実際、私が前職の日本マイクロソフトで営業担当だった際、ＩＴ部門で働く社員と話をすると、どこかでビジネス部門に対して遠慮をしているようにみえることが多くありました。一方でビジネス部門の人と話をすると、「うちのIT部門は遅い」「うちのIT部門はコストが高い」「うちのIT部門は自分たちのビジネスを理解してくれない」というような不満を伺うことがありました。IT部門はテクノロジーの話に終始し、ビジネス部門はビジネスの話に終始するのは当然ですので、確かにIT部門とビジネス部門の間には分断が存在します。

ファイナンス部門との分断

それではIT部門とファイナンス部門との間はどうでしょうか？　前職でさまざまな大企業の方とお会いしましたが、全社のお金を預かるCFOと、IT部門の責任者であるCIOが、肩を並べながらIT投資を考えるという姿をあまり見たことがありません。ITに対するコストについては、分断どころか対立の構造を見たこともあります。ある超大手企業のCFOにIT投資の状況を尋ねたところ、「ああ、その辺はすべてIT部門にやらせているからわからないね」「IT投資を売上高のX％以内に収めてくれれば、中身や成果は特に気にしていないよ」との回答をいただいたこともありました。このように、分断、対決どころではなく、無関心の場合もあります。

経営との分断

次に経営とＩＴ部門の間についてはどうでしょう？　ひと昔前、「私はＩＴがわからないのでＩＴ部門に任せている」と豪快に言い放つ経営者とお会いしたことがあります。アメリカであれば、そのような発言をする経営者は間違いなく退場です。「私は財務諸表が読めないからファイナンスに関しては財務部門に任せている」と同種の発言になります。最近はＩＴに対する理解を表明される経営者もいますが、実態はＤＸを推進するために外から人材を連れてきて、後はおまかせという経営者や、ベンダーに丸投げというケースも少なくないと感じています。

一方で、ＩＴ部門はそのような状態を解消するための努力をしているのでしょうか？

なかなかそこまで手が回っていないというのが実態だと感じています。数多くのシステムやアプリケーションを安定稼働させせながら、新しいテクノロジーにキャッチアップをしていかなければならない。ビジネス部門の業務もある程度までは理解しなければならない。ベンダーとの交渉やプロジェクトマネジメントなどなど、やるべきことは多岐にわたり、経営層やビジネス部門などのステークホルダーに丁寧に説明するには時間が足りません。また、仮に時間があったとしても、どのようにしてステークホルダーに対してＩＴ部門の価値を証明するのか、方法や切り口が見えていないIT部門が多数です。一部のCIOの方はそのようなことを自然とやっていますが、多くのIT部門はなかなかできていないのが現状ではないでしょうか。

分断がもたらす企業価値の低下

IT部門以外がテクノロジーを他人事とし捉えている組織においては、IT部門はコストセンターとして扱われがちです。確かにITサービスは構築にも運用にもコストがかかります。提供しているITサービスの価値を説明できないと、IT部門以外からは「やたらと費用がかかる代物」と見られてしまいます。そしてITサービスの価値が理解されないままであると、「10%削減」のような一方的なコスト削減の方針が出されます。このような方針を受け、往々にしてIT部門は削減しやすい領域から削減を開始します。その結果、組織にとって長期的で戦略的視点に立った重要な投資が削減の対象となってしまうことがあります。また、数多くの社員から利用されており、パフォーマンスも出しているITサービスが「削減しやすい」という理由で削減されることもあります。このような短期視点での一方的なコスト削減は企業や社員にとっての損失であり、また将来の競争力低下にもつながり、経営陣や株主にとっても企業価値の低下をもたらすものになってしまいます。

今回のコロナ禍によって、長期視点にたったＩＴ投資をしていた会社とそうでない会社の違いが如実に出たのではないでしょうか。業界や職種によりますが、２０２０年に緊急事態宣言が発令された時、以前から働き方を変えるべく、テクノロジーに投資を行ない、リモートでも働けるような環境を作っていた企業は、事業の継続になんら問題は出ませんでした。一方で、そのような投資をしてこなかった企業では、事業継続をスムーズに行なえませんでした。また緊急事態宣言が明けた後、リモートワークの環境整備状況と優秀な人材の確保の間に相関関係が見られるようになりました。

一方で、ＩＴコストの削減は必須の課題です。「２０２５年の崖」問題で提起されているように、既存のＩＴサービスをそのままにしておくと、そのための運用費が積み上がることで新たな投資に資金を回すことができません。コスト削減は場当たり的に行なうのではなく、利用されていないＩＴサービスや余剰となっているシステムインフラなどを対象にするべきであり、ＩＴ部門を取巻くステークホルダーにＩＴサービスの利用状況とコストの実態を提示しながら、合意の上でコスト削減を行なうことが大事です。継続的なコスト最適化を行なっていくために、コスト削減の成果、そしてそれに伴うリスクも合わせてステークホルダーに示すことも重要になります。

CDOとの分断

ＩＴ部門と他部門の間での分断だけでなく、昨今ではテクノロジーの活用を推進する役割同士でも分断が見受けられます。ＣＩＯとＣＤＯの分断です。ＤＸの必要性から、その推進を担うＣＤＯを置く企業が増えています。一人の人間が双方の役割を兼務することもありますが、ＣＩＯとＣＤＯがそれぞれ存在する場合、レポートラインで見ると多くはＣＩＯとＣＤＯが横並びに位置しながら、同じ上司、多くは取締役にレポートをする形態です。このような場合、次に述べる理由から、ＣＩＯとＣＤＯの間に分断が生じてしまうことがあります。

ＤＸを「これまでにないビジネスモデル（Ｗｈａｔ）を新たなテクノロジー（Ｈｏｗ）で創出するもの」、と捉えた場合、ＣＤＯに期待されていることは主にＷｈａｔになり、ＣＩＯに期待されていることはＨｏｗになります。この区分けでそれぞれの役割を理解した場合、ＣＤＯは新しいものを作り出す「企画」に多くの力を割くわけですが、ＣＩＯはそれを実現する「実行」に多くの力を割くことになります。「実行」と言っても、当該ＩＴサービスを構築するだけではなく、長い期間にわたる運用も含まれます。つまり、ＣＩＯとＣＤＯとはＤＸにおいて、責任範囲が異なるのです。

またそれぞれの時間軸も大きく異なります。ＣＤＯの企画のスパンは半年長くても1年ですが、ＣＩＯはＩＴサービスの構築と運用になり、ソフトウェア開発資産の償却期間から、平均的におよそ5年の時間軸になります。

この責任範囲と時間軸の違いから分断が起きてしまうのは至極当然かもしれません。ＣＤＯが長期にわたる運用を考えずに、企画ばかりを行なうと、ＣＩＯは面白くありません。一方でさまざまな業務に忙殺されているＣＩＯからビジネスを変革する「企画」はなかなか出てきません。

そしてこの責任範囲と時間軸の違いを吸収しながら二つのロールを同時に実現できる人は、企業規模にもよりますが、そう多くはないでしょう。数多くのＤＸ案件がＣＤＯよって企画され、ＩＴサービス化に向けて投資がなされますが、この分断を解消せずに進むと、継続性のないＩＴサービスが乱立し、数年後にはそこから発生する償却費などの固定費が増え、ＩＴ部門は予算とリソースの大半を新規投資ではなく、運用に費やすことなってしまいます。これではＤＸが一過性で終わってしまうことにもつながりかねません。

ＣＩＯとＣＤＯと立ち位置の違いの他に、新規ＩＴサービスと既存ＩＴサービスの違いも存在します。DXが叫ばれる昨今、新規ITサービス開発に対する投資については「是」、既存ITサービスへの投資は「非」とされがちです。既存のITサービスでも、多くの社員に利用され、社員のパフォーマンスにつながっているものもありますが、利用状況やコストなどがブラックボックスとなっており、既存ITサービスへの投資にどのような意味があるのかなかなか理解されません。CIOは必要性をわかっていても、周囲のステークホルダーの同意を得ることが難しく、追加投資が必要な既存ITサービスについてはそのままにされてしまいます。実は企業にとっては価値あるITサービスなのですが、投資を控えたことにより、社員の利用率が上がらず、本来ならば実現できた効果や社員のパフォーマンスが頭打ちになってしまうことがあります。

課題解決に向けた方法・施策

IT部門の運営をファイナンス思考へ

お互いを理解するために、量子コンピューター、シンギュラリティ、Web3といった用語を経営者、CFO、ビジネス部門の責任者にレクチャーすることでは解決できませんし、IT

部門が他部門の業務を理解することだけでは解決には至りません。一方で、このようなＩＴ部門を取巻く分断を防いでいる企業も多くあります。それはプロＣＩＯの存在です。プロＣＩＯとはＣＩＯとして外部から招聘され、複数企業で成果を出し続けている方々のことです。元ヤンマーのＣＩＯで、現在は特定非営利活動法人ＣＩＯ Ｌｏｕｎｇｅの理事長を務める矢島孝應氏が、ＣＩＯの経歴を調べた結果（ｎ＝２００）によると、17％が外部出身、50％が自社の他部門での経験あり、33％が自社のＩＴ部門の経験のみという内訳でした。この17％の方々はビジネス部門やファイナンス部門、経営層との関係性を重視しながら、ＩＴ部門を「経営」するという発想を持っています。資生堂ＣＩＴＯの高野篤典氏、三菱ケミカルＣＩＯの加藤淳氏、アフラックＣＤＩＯ＆ＣＴＯの二見通氏など企業の最前線でＤＸを推進しているプロＣＩＯに共通しているのは、経営者が株主に財務諸表を使って説明するがごとく、ＩＴ部門の状態をファイナンス思考で考え、数字で内情を可視化し、ステークホルダーに説明することを強く意識していることです。ＩＴ部門の状況をＰ／Ｌ（損益計算書）ベースで捉えながら、自社にあるアプリケーションやＩＴサービスのコストと利用状況を把握し、ビジネスのパフォーマンスと関連付けながら、ＩＴコストがどのように消費されているかについて、ステークホルダーにデータを使って継続的に説明をすることで、経営やファイナンス、ビジネス部門とよい関係性を構築しているのです。

IT部門に求められるニーズと説明責任

ファイナンス思考がDXを阻害する「分断」を防ぐことを説明しましたが、**TBMはまさにITの課題に対してファイナンス思考でアプローチするもので、ITファイナンスプロセスを高度化する方法論として定義**されています。ここでは、その前提となる、「ITファイナンス」という言葉のもつ意味や範囲を押さえておきたいと思います。ビジネストランスフォーメーションやデジタルトランスフォーメーションが求められる昨今、テクノロジーは一部の領域から、事業経営を行なっているあらゆる人に関係するものになりました。デジタルを活用して、継続的なビジネスインパクトをもたらすためには、テクノロジーの経営資源（ヒト・モノ・カネ）と投資ニーズを360度で統合的にマネジメントし、IT投資から創出される価値を最大化する必要があります。全社的な取り組みのためには、「ITはわかりにくい」、「ITはブラックボックスだ」といった状況からの脱却は必須になります。

IT価値最大化の実現には、これまで述べてきたような部門間の「分断」を防ぎ、IT部門、ビジネス部門、ファイナンス部門が協業する必要があります。そのためには、部門や地域を超えた共通言語によりIT投資を可視化し、透明性、納得感を醸成させ、IT投資の説明責任の仕組みを確立することが大切です。経営層、さらに株主レベルまで透明性を持って説明責任を果たそうとすると、この〝共通言語〟は自ずとビジネス用語の標準である、ファイナンス・財務会計と連動し、ＩＴ投資は常にＰ／Ｌへの影響を把握した上で判断される必要があります。こうした投資対効果の最大化へ向けた統合プロセスが「ＩＴファイナンス」の領域です。

共通言語による可視化で関係性を築く

ＩＴ部門は、ＩＴサービスの開発のために、プロジェクトのマネジメントやベンダーのマネジメントを行ない、開発されたＩＴサービスを日々、運用しています。業務を通して、新しいテクノロジーやアジャイル開発などの開発手法についての知識を持つことになります。

しかし、ビジネス部門や会社全体の経営の状況についてはそこまで詳しくありません。会計システムやＩＴ予算の業務に携わったことがないＩＴ部門のメンバーは一般的な財務会計の知識に疎いこともあります。一方で、ビジネス部門やファイナンス部門、経営の方の多くは会計の知識は財務会計にとどまらず、管理会計の知識をベースに日々の業務を遂行しているので、自らのビジネスや会計には明るいですが、ＩＴについては詳しくありません。提供されたＩＴサービスを使っているだけで、自らＩＴサービスを構築し、運用することはありません。ＩＴサービスがどのような工程を通じて構築されたのか、どのようなリソースが使われているのか、どのように費用がかかっているのかについて知識がありません。その必要がなかったからです。

しかしＤＸで差別化を求められる時代においては、ＩＴ部門と他の部門の間で会話が成立するような、ファイナンスをベースとした共通言語が必要になります。ＩＴ部門が提供するＩＴサービスの「コスト」、「利用状況」、「パフォーマンス」を可視化し、共通言語でビジネス部門と対話することで、新しい協業関係が生まれてきます。ＣＩＯとＣＤＯとの分断についても同様です。ＩＴ部門のＰ／Ｌや年間ＩＴ総支出額、新規開発費と運用費の割合などＩＴ部門の経営状態、新規開発投資から得られるリターン、発生する将来固定費や運用費、既存ＩＴサービスにかかっているコストや利用率などファイナンスの観点を中心としたデータを共有しながら会話します。そうすることでＣＩＯとＣＤＯの分断を防ぎ、企業にとって本当に必要なＩＴ投資を両者で考えることができるようになります。

分断を防ぐための責任は、ＩＴ部門のリーダーシップチームが持つべきだと考えています。このチームはＩＴ部門の経営状況をＰ／Ｌベースで把握し、ビジネス部門に提供しているＩＴサービスのコストと利用状況を定期的に「わかりやすい」かたちで説明をすることが必要です。コスト情報については、アプリケーションの運用費用だけを提示するのではなく、アプリケーションを動かすために必要なインフラや、インフラごとの保守費用などを細かく分類して提示をするなど、丁寧に説明します。わかりやすい表現でＩＴを説明していくことで、ステークホルダーがテクノロジーを自分事と捉え、良好な関係性を築くことにつながるだけでなく、組織全体でＤＸをスムーズに推進できるようになります。

課金によるオーナーシップの醸成

ステークホルダーがテクノロジー投資を自分事として捉えてもらうための方法として、ＩＴコストの「課金」や「配賦」があります。ビジネス部門などのユーザーに対して、ＩＴサービスのコストを利用状況などに応じて請求を行なう仕組みを「課金」と呼びます。実際にユーザー部門に対して課金を行って部門のＰ／Ｌに反映させる場合（チャージバック）と、コストを提示するだけの場合（ショーバック）があります。ある企業ではＩＴ子会社が各グループ会社に課金している例もあります。

課金額を算出する作業のことを「配賦」と呼びます。課金の主な目的は、ビジネス部門にＩＴサービスに対するコスト意識と説明責任を醸成することです。「ＩＴサービスは無償」と考えている部門にはコスト意識も生まれず、全部門が協業して戦略的ＩＴ投資を実現するという企業姿勢も形成されません。この目的を達成するにあたり、ＩＴ部門はＩＴサービスの原価計算、配賦ロジック、利用状況などについて、透明性を持って説明する必要があります。説明によって納得感を持ってもらえれば、利用状況やコスト削減について、IT投資の意義が共有され、IT部門とビジネス部門の関係性が改善されます。

少し例を挙げて説明します。一般的に複数のITサービスは共通のインフラの上で稼働しています。例えば、共通インフラの運用費が年間10億円で、10個のITサービスが稼働していたとします。ITサービスのコストを算出するにあたっては、インフラの運用費を割り振る必要があり、最も単純な方法は等分です。ITサービスそれぞれの部門に1億円ずつのインフラ運用費の負担を求める方法です。しかし、ITサービスによってはリソースを多く使うものもあれば、あまり使わないものもあります。あまり使っていないITサービスを利用している部門にとって、1億円のインフラ運用費の負担が求められることには納得できません。このような場合、インフラ運用費を「公平に」に割り振る必要があります。例えばITサービスごとのCPU利用率のデータを用いてインフラ運用費を割り振ります。ここで重要なのは、ITサービスに対してどのように割り振ったのか（配賦ロジック）をきちんと利用部門に説明することです。こうすることで、ITサービスのコストについて、ステークホルダーから納得感を得ることができます。

戦略的ITファイナンスのためのデータ管理

戦略的ITファイナンスの実践には必要なデータを正しく管理する必要がありますが、残念ながら多くの場合、スプレッドシートで管理されてきました。スプレッドシートでは煩雑で時間と労力がかかり、ミスや不整合も発生しやすく、特に、部門ごとのITコストの計算など、複雑で高い精度が求められる業務は不適切でお勧めできません。また、複数のソースからデータをタイムリーに反映する自動化も困難です。ITファイナンスは継続的に実施する戦略的な取り組みですが、スプレッドシートでの管理では、属人化や継承性でリスクがあり、部門を超えたIT投資管理や透明性のある説明責任を果たすという観点からは大きく外れています。

IT投資、ITコストを把握する際に、多くの企業は、総勘定元帳をベースにしていますが、戦略的IT投資を管理するには不十分です。総勘定元帳には、ハードウェア／ソフトウェアなどの「勘定科目」と、セキュリティ、データセンター、サポートサービスなどの「コストセンター」の2軸しかありません。例えばセキュリティ対策ソフトの総額は把握できても、どのベンダーの製品か、それぞれの価格などは可視化できず、ビジネス部門やファイナンス部門に透明性を持ってIT投資の説明責任を果たすことができないからです。TBMでは、総勘定元帳などのファイナンスデータに加え、インフラに関するデータ、アプリケーションに関するデー

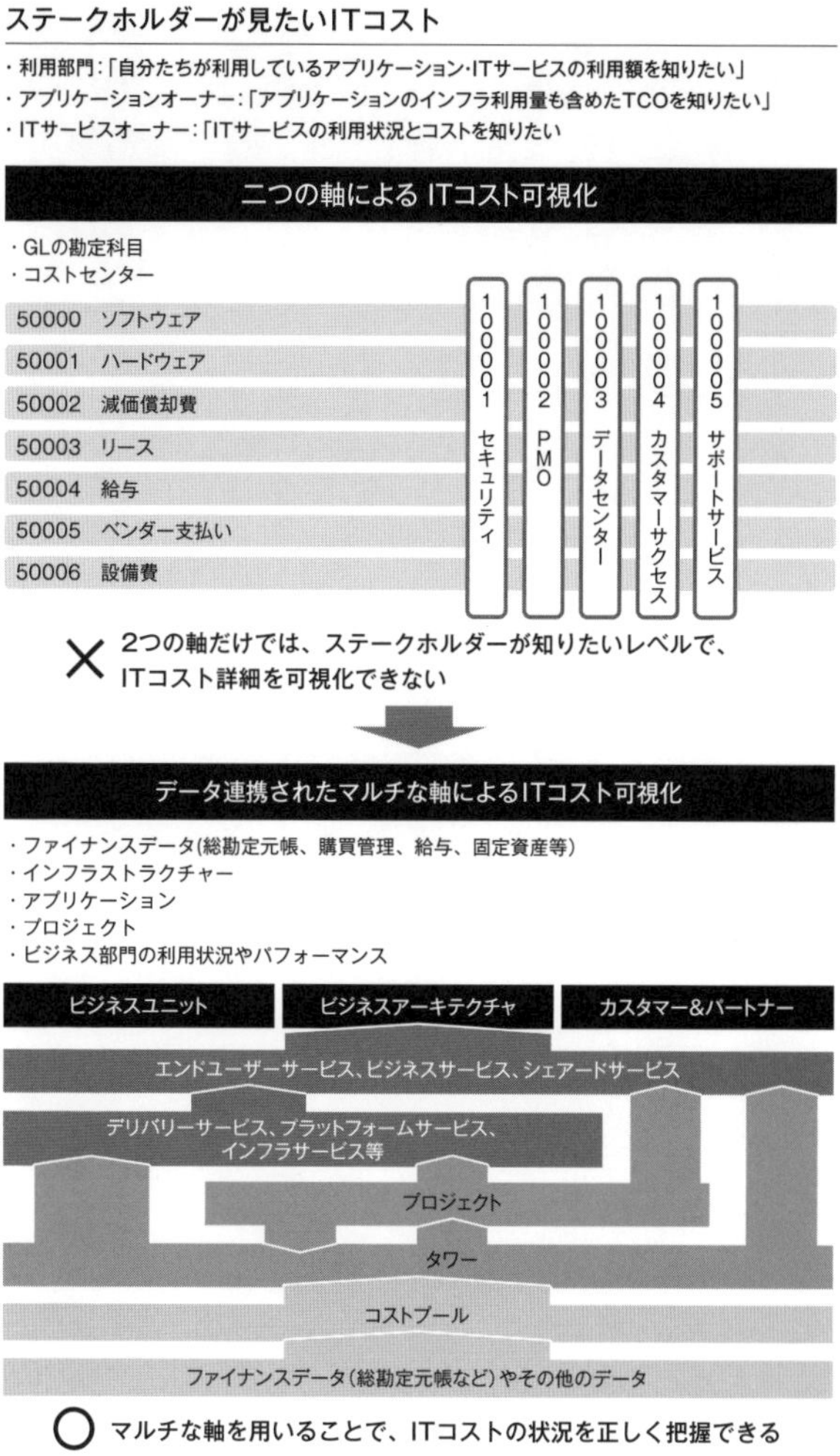
ステークホルダーが見たいITコスト
・利用部門：「自分たちが利用しているアプリケーション・ITサービスの利用額を知りたい」
・アプリケーションオーナー：「アプリケーションのインフラ利用量も含めたTCOを知りたい」
・ITサービスオーナー：「ITサービスの利用状況とコストを知りたい
二つの軸による ITコスト可視化
・GLの勘定科目
・コストセンター
50000　ソフトウェア
50001　ハードウェア
50002　減価償却費
50003　リース
50004　給与
50005　ベンダー支払い
50006　設備費
100001　セキュリティ
100002　PMO
100003　データセンター
100004　カスタマーサクセス
100005　サポートサービス
2つの軸だけでは、ステークホルダーが知りたいレベルで、ITコスト詳細を可視化できない
データ連携されたマルチな軸によるITコスト可視化
・ファイナンスデータ(総勘定元帳、購買管理、給与、固定資産等)
・インフラストラクチャー
・アプリケーション
・プロジェクト
・ビジネス部門の利用状況やパフォーマンス
ビジネスユニット
ビジネスアーキテクチャ
カスタマー&パートナー
エンドユーザーサービス、ビジネスサービス、シェアードサービス
デリバリーサービス、プラットフォームサービス、
インフラサービス等
プロジェクト
タワー
コストプール
ファイナンスデータ（総勘定元帳など）やその他のデータ
マルチな軸を用いることで、ITコストの状況を正しく把握できる

図1-1　コストの透明性・可視化

タ、プロジェクトに関するデータ、ビジネス部門に関するデータなどの軸を追加し、ＩＴコストの可視化、納得感のある説明を実施できるようにしています。

戦略的ＩＴ投資に向けたマネジメントにシフト

組織の各部門がテクノロジーの活用について自分事化し、テクノロジー投資についての意思決定を組織全体で実施するためにはＩＴ部門はどのようなマネジメントをしていかなければならないのか？　共通言語はどのように確立していけばよいのか？　これらの問いに対して、体系化立てられた方法論がＴＢＭ（Technology Business Management）といえます。

本書ではＴＢＭの方法論を紹介していきます。日本ではまだ馴染みのない新しい方法論ですが、組織におけるＩＴファイナンスプロセスをベストプラクティスに基づいて洗練させ、テクノロジーによるビジネス価値最大化を組織全体で行なうことを目的としたものです。

ＴＢＭという考え方

「はじめに」で紹介したように、ＴＢＭ（Technology Business Management）はＥＲＰ

やCRMなどと同じ、IT製品やサービス、概念などを表す3文字略字です。この考え方を解説する書籍は2冊ほど出版されており、1冊は方法論として事例を交えながら記載したもの、もう1冊はTBMの実装について具体的に記載されたものです。いずれも洋書（未訳）になります。

1970年代から1980年代にかけて、製造業においてMRP（Manufacturing Resource Planning）という方法論が生まれました。これは部品メーカー、製品工場、倉庫、小売りという一連のサプライチェーンに対し、テクノロジーを使って、それぞれのデータを可視化・共有し、需要と供給の距離を近づけることで全体の効率化を実現するというものです。

例えば、受注の情報が共有されると、まず在庫の情報と照合し、在庫があれば小売店に運び、消費者に製品を提供します。在庫がない場合は、工場側と連携し、仕掛品があれば完成させてそれを倉庫に、そして小売店に届けます。工場にも仕掛品がないのなら、新たに作らなければなりません。製品を作るために必要な部品を部品メーカーに発注し、製品を組み立て、倉庫に出荷し、倉庫から小売店に運んで消費者に提供する、という一連の流れをカバーする概念・方法論です。

MRPはすでに確立されて、この概念からERP（Enterprise Resource Planning）やJ

IT（Just In Time）という発展形の概念も生まれました。MRPという概念や方法論を取り入れることで、サプライチェーンにおいて販売に紐づかない在庫は極小化され、販売に必要なものだけをその都度作ることによって、サプライチェーン全体の利ザヤを改善するという、目に見えるメリットを享受できるようになったのです。

デジタルマーケティングの領域では今から約20年前にMA（Marketing Automation）という概念・方法論が生まれました。

例えば、ソフトウェアのソリューションを販売している会社では、自社のホームページの訪問者に対し、コンテンツの閲覧を許可する代わりに、訪問者にメールアドレスや電話番号などの情報を入力してもらいます。次にこの訪問者にメールや電話などで詳細な情報を提供しながら、ミーティング機会を設けます。最後はその会社の営業が訪問者と打ち合わせを持ち、課題を聞きながら提案を行なって案件を受注するということを行なっています。

この時にホームページで入力された情報を「インクエリ」、取れたアポイントメントを「リード」、作ることができた商談を「パイプライン」、受注した案件を「ウィン」などと呼び、それぞれのデータを継続して管理を行ないます。具体的にどのマーケティング活動によってどのくらいインクエリが増えたか、インクエリからリード、リードからパイプライン、パイプライ

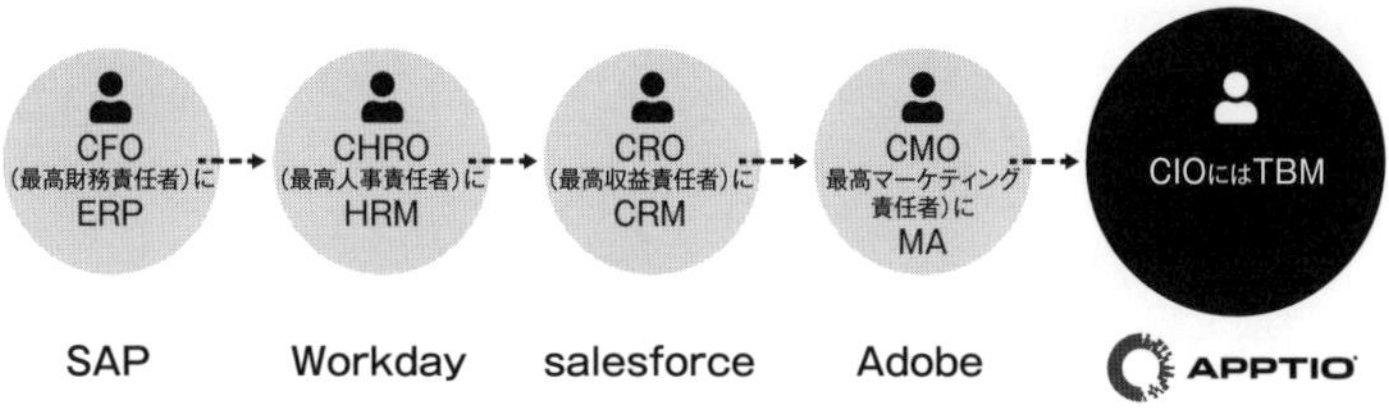

図1-2　企業内部門経営における方法論とツール

ンからウィンへの変換率はどれくらいだったかを管理しています。こうすることで、営業の売上目標金額を達成するにはどれくらいの「パイプライン」によって、どれくらいの「ウィン」が、どれくらいの「インクエリ」を稼ぐためにはどれくらいの「リード」、「インクエリ」が必要となるかを把握し、その「インクエリ」を稼ぐためにはどれくらいのマーケティングの予算が必要かを把握することができるようになります。

ＭＲＰやＭＡに共通している点は、全プロセスにわたり各ステークホルダーが共通認識、共通言語を持って業務を遂行し、全体最適化を実現していることです。

データドリブンアプローチによるIT最適化

ＭＲＰやＭＡやデータを用いながらアウトプットすることが、データドリブンのアプローチになります。同じようにデータドリブンのアプローチを組織内のＩＴの世界に適用するのがＴＢＭの考え方です。組織の中で利用されているＩＴサービスは、ハードウェアやソフトウェア、それを開発する人材といった「リソース」が「プロジェクト」に投入され、そのプロジェクトを通じて「アプリケーション」がつくられ、そのアプリケーションは「インフラストラクチャー」上で稼働し、「ビジネス部門」にＩＴサービスとして利用されます。

「ビジネス部門」ではITサービスを使ってビジネスを遂行していますが、当該ITサービスのコストだけでなく、利用状況やそのITサービスによって生み出されるパフォーマンスも合わせて可視化することで、テクノロジーからビジネスパフォーマンスの関係性が明確化され、IT部門とビジネス部門の間に、共通認識、共通言語が生まれます。この共通言語をベースに、IT部門とビジネス部門を含む全ステークホルダーがコミュニケーションをとり、組織内ITにおけるサプライチェーンの最適化、つまりテクノロジーによるビジネス価値最大化の実現を目指します。

TBMはデータドリブンのアプローチをとりますが、肝心のデータはどこから持ってくるかという疑問をもたれると思います。基本的には組織がすでに持っているデータソース、つまり、ERPシステムの総勘定元帳に入っているデータや、総勘定元帳に入る前の購買管理のデータ、経費精算のデータ、社員の給与情報、ITプロジェクトをマネジメントしているプロジェクトマネジメントデータなどを取り込み、そのデータを一定のルールで分類と配賦を行ないながら、「リソース」「ITアセット／プロジェクト」「アプリケーション／サービス」「利用者」のレイヤーに分け、トレードオフの関係にある、コスト、利用状況、そしてパフォーマンスのバランスをとりながら、組織内のIT投資を継続的に最適化していくのがTBMになります。この時、TBMは、ツールありきでとにかくあらゆるデータを収集し、そこから帰納的に洞察を炙り出

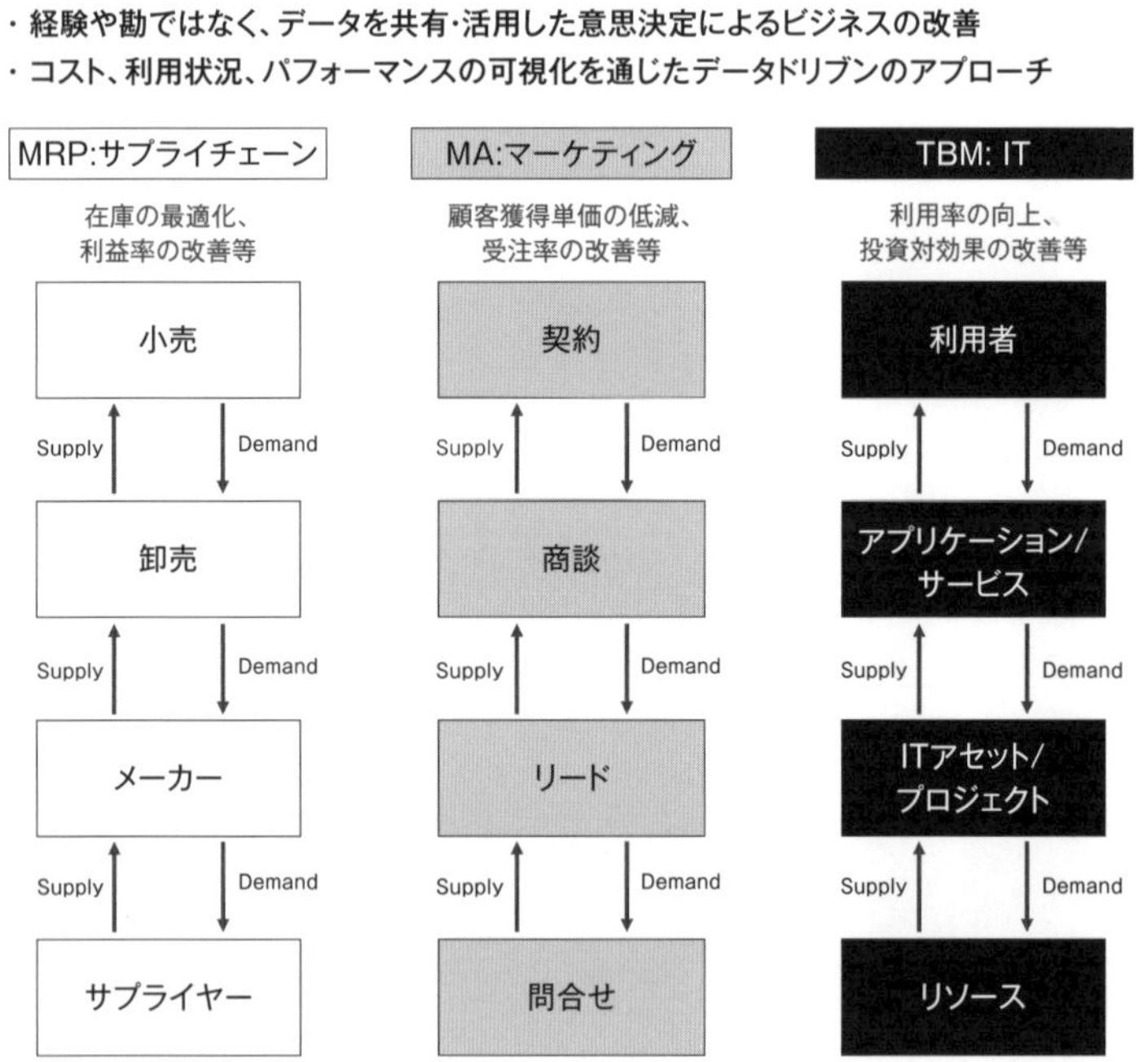

図1-3　データドリブンアプローチ

す、視覚化のアプローチではなく、目的に照らし合わせて該当するデータを取得し、分析する演繹的なアプローチをとります。ITファイナンス全般のプロセスの中で、問題を抱えるプロセスがいくつかあったとします。それらのプロセスについて、高度化への指針、改善策を促すために必要な可視化のあり方、そして可視化に必要なデータまでも定義しているのがTBMになります。つまり、課題ありき、課題解決ありきのデータドリブンアプローチになります。

コスト削減にみるTBMの価値提供

ビジネス部門から「うちのITはコストが高い」という話をよく伺います。これはIT部門が提供しているITサービスに何かしらの値段がついていて、その値段が何かと比べて高いと認識されていることが背景にあります。少し例を挙げて説明します。ラップトップのPCがIT部門からビジネス部門に提供されていて、ビジネス部門には月額3万円の負担が生じているとします。コストについて詳細な説明を受けていないビジネス部門では、量販店で販売されているラップトップPCの価格（例えば1台8万円）と比べて、「なぜ月額3万円もするのか。やはりうちのITは高い」といった発言をします。

企業内のラップトップPCが量販店より高い値段になってしまうのはなぜか。提供されているＰＣはハードウェアの金額だけでなく、表計算ソフトなどのライセンスやアンチウィルスソフトの費用、ＰＣを組織で使えるようにする各種インストールのキッティングの人件費、ヘルプデスクサポートなどの提供も含めた金額であるため、量販店のＰＣより高くなってしまうのです。

そこで、「やはりうちのＩＴは高い」という発言に対し、ＩＴ部門はラップトップＰＣサービスがなぜ月額3万円するか説明をしなければなりません。その説明のためにはビジネス部門にもわかりやすく可視化されている必要があります。可視化についてのあるべきかたちについて後述しますが、いずれにせよＩＴ部門は3万円の内訳をビジネス部門に説明をする必要があります。この説明を行なうことで、ＩＴ部門とビジネス部門の関係性を一段改善します。

次に「月額3万円の理由はわかったが、3万円は高い。2万円にしてほしい」という要求をビジネス部門から受けたとします。その場合、ＩＴ部門はコスト削減を図る必要があります。ＩＴ部門はラップトップＰＣサービスについて可視化をしているので、どの部分でコスト削減を図るかは明確です。恐らく、ハードウェアベンダーやソフトウェアベンダーに対してハードやライセンスのディスカウントを要求することでコスト削減を図れるでしょう。これは仕入れによる削減になります。また、ラップトップＰＣの環境をクラウドや仮想化されたサーバー上に置くことでコストを削減できるかもしれません。これはテクノロジーによるコスト削減になります。いずれも「IT部門単体によるコスト削減施策」です。このIT部門単体の施策により、月額2万5千円に削減できたとしても、月額2万円には、さらに月額5千円の削減が必要です。

ラップトップPCサービスについて、サービスを構成するコストだけでなく、利用状況についても可視化されていれば、ビジネス部門に対してもコスト削減の提案をすることができます。例えば、「ヘルプデスクサポートは現在24時間提供していますが、利用状況のデータを見ると、18時以降は利用されていません。18時以降のサービス提供をやめることで、人件費が下がります。コスト削減を、〝あなたたちと私たちで〟一緒に行なっていきませんか？」というような提案をビジネス部門にすることで、さらなるコスト削減を実現し、協働的な関係が生まれます。

IT部門の評価を高めるTBM

IT部門はTBMを活用し、ビジネス部門と対話をしながら、ITサービスについてさまざまな改善活動を実施していきます。すると確実にIT部門の評価も向上し、ビジネス部門との関係性に変化が生まれ、IT部門とビジネス部門とのコミュニケーションとコラボレーションが加速します。このように、ビジネス部門や経営とＩＴ部門との間にある距離を縮め、組織全体でテクノロジーについての意思決定を実施し、ビジネス価値を最大化していくことがＴＢＭの提供する価値になります。

ＴＢＭはコスト削減だけではなく、投資が必要な領域、つまり十分に利用されているＩＴサービスや、パフォーマンスを出しているＩＴサービスを明らかにします。利用されていないＩＴサービスやパフォーマンスを出していないＩＴサービスを合理化対象とし、利用されているＩＴサービスやパフォーマンスが出ているＩＴサービスについては追加投資対象とするなど、戦略的な意思決定を支援するのがＴＢＭになります。前述の「削減しやすい」ものから削減対象とする短期視点でのアプローチとは対極にあるものです。

ＴＢＭは２００７年、Ａｐｐｔｉｏ社の創業者兼ＣＥＯであるサニー・グプタがそのコンセプトを作りましたが、創業当初、ＴＢＭは多くのアメリカの銀行に採用されました。（現在でも上位12行の米銀に採用されています）

その背景には、米銀のＩＴ部門が自分たちの価値をステークホルダーに証明したいという強い願望があり、ＩＴ部門はその実現のため、自分たちが提供しているＩＴサービスについて、ユーザーであるビジネス部門に課金を行なうことを考えました。それにはITサービスごとの課金額を設定し、その課金額についてビジネス部門に納得をしてもらわなければなりません。納得感のある課金額を設定するためには、ITサービスにかかっている原価とITサービスの利用状況のデータをビジネス部門に提示する必要があります。

ITサービスの原価とはどのようなものでしょうか？　ITサービスはハードウェアやソフトウェア、社内エンジニア、ベンダー等のプロジェクトによって構築されます。そのITサービスを運用するためにはハードウェア保守やソフトウェア保守、運用を行なうエンジニアの人件費などの費用がかかります。これがITサービスの原価になります。この原価について、ビジネス部門にわかりやすく提示し、納得してもらう必要があります。またITサービスはハードウェアを共有しており、その費用がそれぞれのITサービスに配賦されます。そのため、この配賦方法（配賦ロジック）についても説明する必要があります。

次にITサービスの利用量については、ITサービスごとに何をもって利用量とするかを定義した上で、定義したデータを収集し、ビジネス部門に伝える必要があります。もちろん、セキュリティサービス等、利用量の定義が難しいものもあります。例えば、その場合はそれぞれのビジネス部門の人数を利用量と定義して課金額を算出します。大切な点は、透明性を確保するために、ビジネス部門に「配賦ロジックと合わせたＩＴサービスの原価」、「ＩＴサービスごとの利用量の定義」、「実際の利用量」を含んだ課金方法（課金ロジック）を説明することです。

このようなＩＴサービスの課金を定着させるために必要なプロセスもＴＢＭの方法論の一つです。

ＩＴファイナンスのプロセスを高度化

ＴＢＭの範囲はＩＴコストの説明やＩＴコストの最適化、課金だけではありません。予算の策定や予算実績比較などＩＴにかかるファイナンス全般のプロセスを洗練させるための方法を定義しています。一つ一つのプロセスをベストプラクティスに基づいて改善していくことで、ＩＴ投資によるビジネス価値の創出を最大化できるように、ＩＴファイナンス全般を高度化していきます。これは、ＩＴ部門だけでは実現できません。ＩＴ部門の周りにいるステークホルダーを巻き込みながら組織全体で行なっていく必要があります。そしてステークホルダーを巻き込むためにはＩＴに関するデータを適切なかたちで可視化を行ない、共通言語を定義する必要があります。ＴＢＭはＩＴファイナンスプロセスの高度化への道を定義すると共に、この目的達成のために必要となる可視化のあり方と、必要となるデータについても言及します。

組織におけるＩＴファイナンスプロセスは広範囲にわたります。そのため、**ＩＴファイナンスプロセスを高度化する方法、それを支えるための可視化のあり方、必要なデータの定義を行なう**ＴＢＭは同じように幅広いものになっています。次の章ではＴＢＭの生まれた背景を少し掘り下げて説明したいと思います。

第2章

TBMの歴史と概要

TBMという方法論と
TBMカウンシルが生まれた背景

ＴＢＭの確立まで

ＴＢＭのコンセプトは２００７年に現Ａｐｐｔｉｏ社のＣＥＯであり創業者であるサニー・グプタが立案をしました。サニーにとってＡｐｐｔｉｏ社は2社目の創業になります。最初に創業した会社が買収された関係でＡｐｐｔｉｏ社創業前はＨＰ（ヒューレット・パッカード）に在籍していました。そこで多くのＣＩＯと出会う中で、どのＣＩＯも共通した課題を抱えていることに気づきます。ＣＩＯたちは、自部門の提供している各種ＩＴサービスの価値について、ビジネス部門へ上手く説明ができず、自分たちの価値について理解を得られないという課題を抱えていました。そこでサニーは、価値の尺度はコストと利用率であると考え、この二つをもってこのＣＩＯの共通課題にアプローチを開始しました。

サニーがアプローチを開始する1年前の２００６年、当時のシスコシステムズのＣＥＯ、ジョン・チェンバースはテクノロジーを使って新しいビジネスを創り出したいと考えていました。しかし、彼の目にはＩＴ部門が何をやっているかがわからず、テクノロジーを使ったビジネス創出においてはＩＴ部門の改革が必要と考え、レベッカ・ジェイコビーという、グローバルサプライチェーンの改革を主導した人物をＣＩＯに任命します。着任当初に彼女が問題提起したことは、「ＩＴ部門とビジネス部門の距離」でした。ＩＴ部門はビジネス部門が理解しないテクノロジーの話ばかりで、ビジネス部門が遂行しているビジネスがわからない。この状況下で彼女はまずはビジネス部門とＩＴ部門の架け橋となる共通言語を作り、パートナーシップを作ることに着手しました。彼女はその後、それぞれのＩＴサービスについてのコストと、そのＩＴサービスの利用状況を紐づけ、それをビジネス部門とＩＴ部門の共通言語としていくことになるのですが、レベッカとサニーはこの時まだお互いを知りません。

それから5年後の２０１１年、ネットオークション会社ｅＢａｙのＣＩＯにディーン・ネルソンという人物が着任します。ｅＢａｙは家電製品からアパレル、自動車やコンサートのチケットなど多種多様な１４億点にわたるアイテムを、２５００万人の売り手と1億８０００万人の買い手が売り買いをしており、取扱高は10兆円を超えるネットオークションサイトを運営しています。ｅＢａｙの経営陣はこのサイトを支えるシステムインフラの価値について一定の理解を持っていたのですが、ディーン・ネルソンはその価値をもっとはっきりさせたいと考えていました。そこで彼はシステムに対する投資が多いか少ないか、適切かを測る方法を考えたのです。システムインフラのコスト、各ビジネス部門のシステムインフラの利用率、そして各ビジネス部門のパフォーマンス等々のデータを可視化しながら関係性を作り、その関係性を経営陣に見せることによって、システムインフラの価値を定義していきました。

ＩＴの価値を証明する意味

例えば家電製品を取り扱う部門の売上高や利益の額を「パフォーマンス」、そのパフォーマンスを出すに至るまでの取引数やシステムインフラ利用回数を「利用率」、そしてシステムインフラにかかっている開発・維持運用費を「コスト」として紐づけ、可視化された関係性を経年で管理していくことで、かけているコストについて妥当なものか、経営陣に向けて説明しました。ここで意味があることは、次の３つです。

1. システムインフラコストとパフォーマンスの間に利用率を挟んで紐づけたことにより、一定の指標を組織内で作ったこと。効果指標を測るスタート地点となる。

2. 経年で管理をすることで、ＩＴサービス全体のポートフォリオの状態について動向を把握できるようになったこと。

3. 経営陣をはじめＩＴ部門を取巻くステークホルダーに対して、これまでブラックボックスだったＩＴサービスを管理できる状態とし、ステークホルダーに安心感を提供することで関係性を改善したこと。

ディーン・ネルソンも同様に、サニー、レベッカのことを知りません。ただサニー、レベッカ、ディーンに共通しているのは、提供しているITの価値の証明にアプローチしたこと、証明においては何らかの共通言語を定義する必要性を感じたことです。3人とも独自でアプローチを続けていたわけですが、ここからの示唆として、2000年代前半にアメリカにおいて、ITの価値の証明が共通の課題としてすでに存在していたことです。この3人と、それ以外にもこの課題を感じていた人々が集まるのは2012年、「TBMカウンシル」が創設されたタイミングになります。

TBMカウンシルの設立

TBMカウンシルは2012年にNPOとして発足しました。もともとはApptio社が年に2回開催していたCIOラウンドテーブルが母体となります。その時のラウンドテーブルに参加していたCIOから、TBM実践者による独立性をもったコミュニティの必要性を指摘され、Apptio社がこのカウンシルの設立に携わりました。現在はTBMカウンシル自身が運営を行なうNPOとなっており、Apptio社はテクニカルアドバイザーのポジションで参加しています。当時の設立メンバーは先述のレベッカ・ジェイコビー、ナイキやマイクロソフト、フェイスブックの当時のＣＩＯ、ゴールドマンサックスやマスターカードのテクノロジー部門のリーダーなど錚々たる顔ぶれでした。

当時の設立メンバーは名誉理事会として現在も関係を持っています。現在のボードメンバーは2年任期の22名で構成され、会員数は1万１５００名を超える規模となりました。構成メンバーの30％はＣＩＯですが、特徴的なのはＣＦＯも数多く参加していることです。このことから、ＴＢＭについてはＣＩＯだけでなく、ＣＦＯも興味を持っていることが伺えます。

掲げているミッションは、「ＴＢＭカウンシルは、テクノロジー・ビジネス・マネジメント（ＴＢＭ）の発展を目指す非営利の専門組織である。ＴＢＭは、テクノロジー・リーダーに対し、ＩＴ投資のコスト、品質、価値を、ビジネス・パートナーに伝えるために必要な基準と検証されたベストプラクティスを提供し、結果として、組織のイノベーションを促進させる。ＴＢＭカウンシルは、ＴＢＭとＩＴプロフェッショナルの発展のために、コラボレーション、標準化、教育に重点を置く」（著者訳）というものです。ＩＴを使ったイノベーションを促進し、ＴＢＭという方法論の普及と方法論自体の標準化を目的とした、テクノロジー・リーダーのためのコミュニティといえます。

ＴＢＭカウンシルの組織構成は、本部拠点は北米で、ヨーロッパとアジアパシフィックにも支部を持ち、それぞれの支部にもボードメンバーがいます。基本的に各リージョンで活動していますが、年に4回ほど各リージョンのボードメンバーが集まり、テクノロジーの進化やそれに伴うマネジメントのあり方、方法論自体の見直しなどを行ない、テクノロジーのマネジメント手法を進化させ、また各リージョンで直面した課題と解決策を共有していくというリズムで活動を行なっています。北米だけでなく、ヨーロッパやアジアパシフィックにまたがって活動し、ＴＢＭという方法論を改善していくということから、ＴＢＭがグローバル標準の方法論を目指しているということがわかると思います。

ＴＢＭカウンシルへは無償で誰でも参加することができます。毎月の第二火曜日には、各社のＣＩＯが行なっているＴＢＭの実践についてのセッションを提供します。年に一度、グローバルのイベントを開催し、ＴＢＭによる成功事例の共有や表彰、ＩＴリーダーのネットワーキングの場としています。コロナ禍の状況ではオンラインになりましたが、それまでは会場を設定し、リアルに開催していました。ＴＢＭカウンシルは日本の企業にとっても有益なことは間違いありませんが、情報や資料がすべて英語のみの提供となってしまうため、Ａｐｐｔｉｏ株式会社として、２０２２年現在、この部分の改善に努めている最中です。

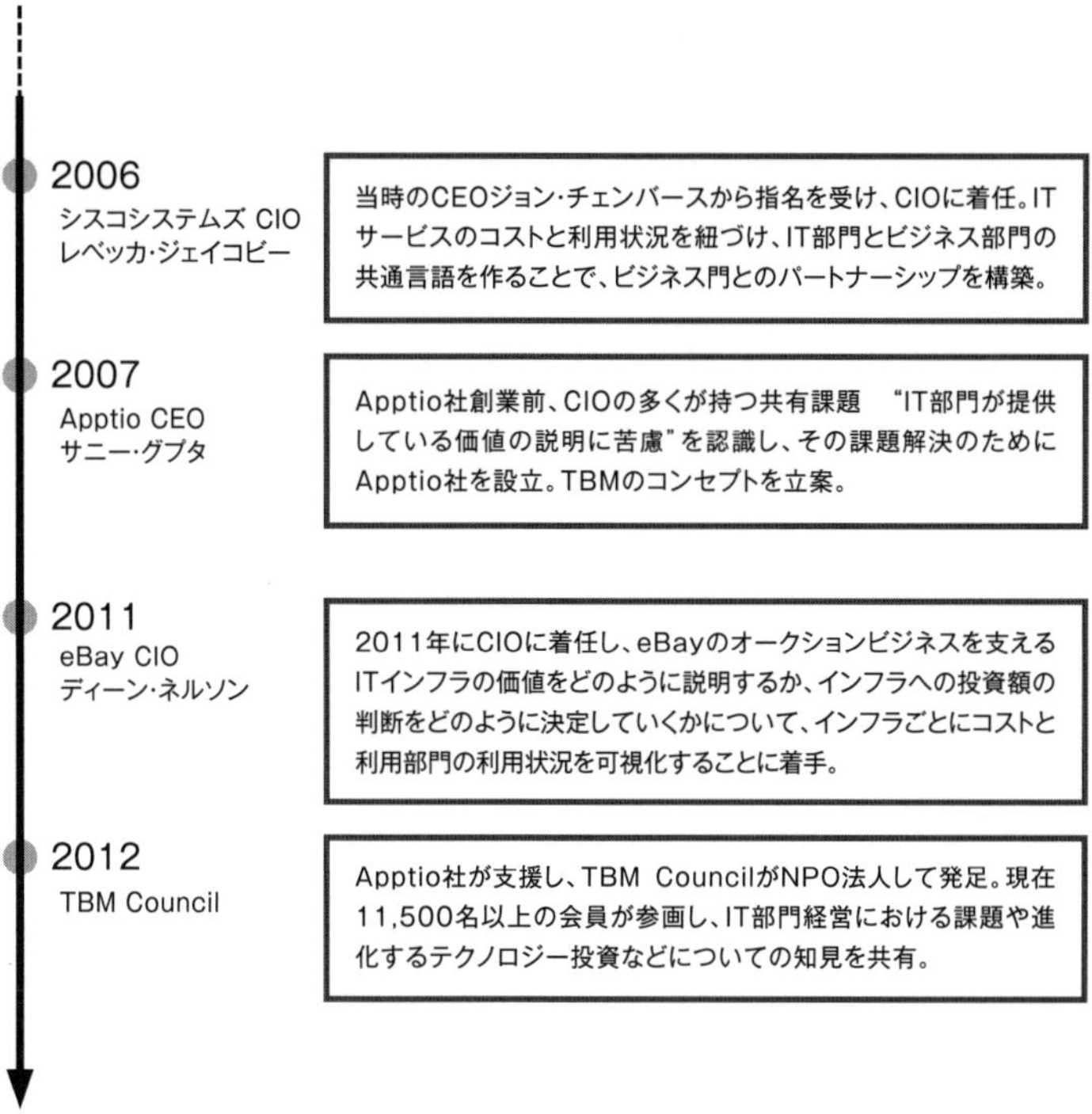
2006
シスコシステムズ CIO
レベッカ・ジェイコビー
当時のCEOジョン・チェンバースから指名を受け、CIOに着任。ITサービスのコストと利用状況を紐づけ、IT部門とビジネス部門の共通言語を作ることで、ビジネス門とのパートナーシップを構築。
2007
Apptio CEO
サニー・グプタ
Apptio社創業前、CIOの多くが持つ共有課題　“IT部門が提供している価値の説明に苦慮”を認識し、その課題解決のためにApptio社を設立。TBMのコンセプトを立案。
2011
eBay CIO
ディーン・ネルソン
2011年にCIOに着任し、eBayのオークションビジネスを支えるITインフラの価値をどのように説明するか、インフラへの投資額の判断をどのように決定していくかについて、インフラごとにコストと利用部門の利用状況を可視化することに着手。
2012
TBM Council
Apptio社が支援し、TBM CouncilがNPO法人して発足。現在11,500名以上の会員が参画し、IT部門経営における課題や進化するテクノロジー投資などについての知見を共有。

図2-1　TBMの歴史

Column
コラム

TBMカウンシルジャパン

2021年に、Apptio株式会社がテクニカルアドバイザーとなり、日本の著名なITリーダー有志により「TBMカウンシルジャパン」が設立されました。TBMカウンシルの日本支部というかたちで、またヨーロッパとアジアパシフィックの横並びにすることで、グローバル標準の方法論に日本企業のIT部門の意見や課題も反映されると考えています。

TBMカウンシルジャパンのミッションは、「TBMの方法論、日本のIT部門リーダーが持つ実務経験からの知見、グローバルIT部門のマネジメントを融合させ、日本のIT部門マネジメント力の底上げを通じ、日本に貢献する」というものです。

CIOやITリーダーが抱えるマネジメント課題は複雑化しており、それらの課題に対してはTBMの方法論が参考になりますが、一方で、世界第三位の経済力を誇る日本各社のIT部門が持つ課題と培った解決策はグローバルにも反映されるべきであり、方法論の輸入だけではなく、日本の課題解決について海外に発信していきたいという考えに基づき、このようなミッションとなりました。

参加企業からはＣＩＯとＩＴリーダーの2名までと制限がされていますが、２０２２年11月時点において、Ａｐｐｔｉｏ採用企業としてロゴの利用許諾をいただいている、楽天、資生堂、富士通、三菱ケミカル、鹿島建設、中部電力、三越伊勢丹ホールディングス、Ｈ２Ｏリテーリング、アフラック、エーザイなどが参加して、各メンバー企業のＴＢＭ実践の事例紹介やＣＩＯ同士のディスカッション、ＴＢＭ導入の主たるＩＴリーダー同士のディスカッションの場となり、ＩＴ部門の価値や、課金、投資対効果の可視化などＩＴファイナンスに関係するテーマについてディスカッションが行なわれています。

現在は運営のリソース上、Ａｐｐｔｉｏ社のソリューションを採用した企業のみですが、ゆくゆくは希望されるすべての方が参加することが検討されています。メンバー企業のＣＩＯからは、テクノロジーがビジネスの中心になっている現況を踏まえ、ＣＦＯの参加の要望もあり、そうした拡張計画もディスカッションされています。

ＴＢＭカウンシルが主催するオープンなグローバルイベントは年に一回、「ＴＢＭカンファレンス」という名で毎年秋に開催されます。ＴＢＭカウンシルジャパンがＡｐｐｔｉｏ株式会社と共催するイベントも同様に年に一回、これも秋に「ジャパンＴＢＭサミット」として開催しています。ジャパンＴＢＭサミットについては無償で参加できます。

方法論としてのＴＢＭ

Ａｐｐｔｉｏ社のサニー・グプタ、シスコシステムズのレベッカ・ジェイコビー、ｅＢａｙのディーン・ネルソンの3名は、それぞれ独自で、ＩＴ部門が提供する価値の可視化について着手していましたが、ＴＢＭカウンシルの設立を機に出会い、お互いの取り組みを知りました。サニーだけがベンダー側にいたので、彼はＴＢＭというコンセプトで企業と接し、持ち前の顧客への執着心（オブセッション）からそのＴＢＭのコンセプトを独自に発展させていました。

ＴＢＭは「彼の頭の中とＡｐｐｔｉｏ社の組織の中」だけの存在でしたが、２０１２年のＴＢＭカウンシルの発足後、マッキンゼー、デロイト、ＫＰＭＧ、ＥＹなど錚々たるコンサルティング会社が参画し、彼らによってＴＢＭというコンセプトは、より体系化立った方法論として確立されることになりました。ロジカルなコンサルタント、サニーの顧客への執着心、ＴＢＭカウンシルに参画している顧客企業のＣＩＯの実体験が融合したため、机上の空論に終わらず、地に足のついたロジカルな方法論となったのです。（興味ある方はTodd Tucker 著『Technology Business Management』（Technology Business Management Council：未訳）をお勧めします）

方法論として体系化されたＴＢＭは、ＴＢＭフレームワークを中心とし、それを補完するＴＢＭタクソノミー、ＴＢＭモデル、ＴＢＭメトリクス、ＴＢＭシステムの5つの要素で構成されています。第2部で、中心に位置するＴＢＭフレームワークから順に詳細を説明しますが、その前に5つの構成要素を簡単に紹介します。

ＴＢＭを構成する5つの構成要素

1. **ＴＢＭフレームワーク**
2. **ＴＢＭタクソノミー**
3. **ＴＢＭモデル**
4. **ＴＢＭメトリクス**
5. **ＴＢＭシステム**

ＴＢＭフレームワークは、ＴＢＭを構成する1番目の構成要素です。フレームワークの言葉どおり、方法論になります。その対象はＩＴファイナンスをマネジメントする部門に向けられています。このＴＢＭフレームワークは「**テクノロジーによって生み出されるビジネス価値の**

最大化を目的としたITファイナンスの方法論」と定義されます。組織のITファイナンスプロセスをベストプラクティスに基づいて洗練させるために、ITファイナンスをマネジメントする部門に、2つの役割を果たし、4つの規律（アクション）を実行し、ステークホルダーとの4種類の会話を推進することを提示しています。

テクノロジー支出によるビジネス価値最大化のために、ITファイナンスプロセスを改革し洗練させるには、次の4つを実施する必要があります。

「（最適な形で）可視化」
「IT予算と統制」
「（IT）コスト最適化」
「（ステークホルダーとの）関係性改善」

1つめの「可視化」は、他の3つのやるべきことを支える基礎となるものです。本書で頻出する「可視化」という言葉については、9ページで取り上げた書籍『Technology Business Management』において、「Creating Transparency」（透明性を確保する）という言葉が挙げられており、IT部門が行なうべき規律として定義されています。本書では、この「Creating

「Transparency」にあたる言葉として「可視化」を用いています。ＩＴ業界では、可視化といえば、ツールによる「見える化」（Visualize）として使われるケースが多いのですが、ＴＢＭではそれにとどまらず、ＩＴのコストや効果をステークホルダーに公開するとともに、意思決定者に必要な情報を提示し、ＩＴ導入を促進するという意味で用いています。その可視化のあり方を定義したものがＴＢＭタクソノミーです。これが2番目の構成要素になります。

可視化にはデータが必要であり、集めてきた各種データを一定の分類と配賦を行ないながら、ＴＢＭタクソノミーを基にデータを整理していきます。この一定の分類と配賦のルールをＴＢＭモデルと言います。このＴＢＭモデルは3番目の構成要素になります。

ＴＢＭはステークホルダーとの関係性を重視し、ステークホルダーからの理解を得ながら、ＩＴファイナンスをベストプラクティスに基づき洗練させ、ＩＴ部門の価値とＩＴから生み出される価値の最大化を図ります。したがって、ステークホルダーとの会話に重きを置いています。そして、その会話を4種類に分けて定義しています。これはＩＴファイナンスの状態を測るメトリクスになり、ＴＢＭメトリクスという4番目の構成要素になります。

5番目の構成要素となるＴＢＭシステムは、データの収集、データ分類や配賦を行なうＴＢ

Ｍモデル、データの分類体系を定義したＴＢＭタクソノミー、ダッシュボードのようなＴＢＭメトリクスを提供するシステムを指しています。ＴＢＭシステムはＡｐｐｔｉｏ社が提供しているソリューションに限定されるものではなく、必要な要件を定義し、その要件を満たすものであれば他のツールなどでもかまいません。

次の第2部で、ＴＢＭを構成する5つの構成要素について詳細を順次説明していきます。

TECHNOLOGY BUSINESS MANAGEMENT

第2部

TBMの詳細

第３章

ＴＢＭの全体像

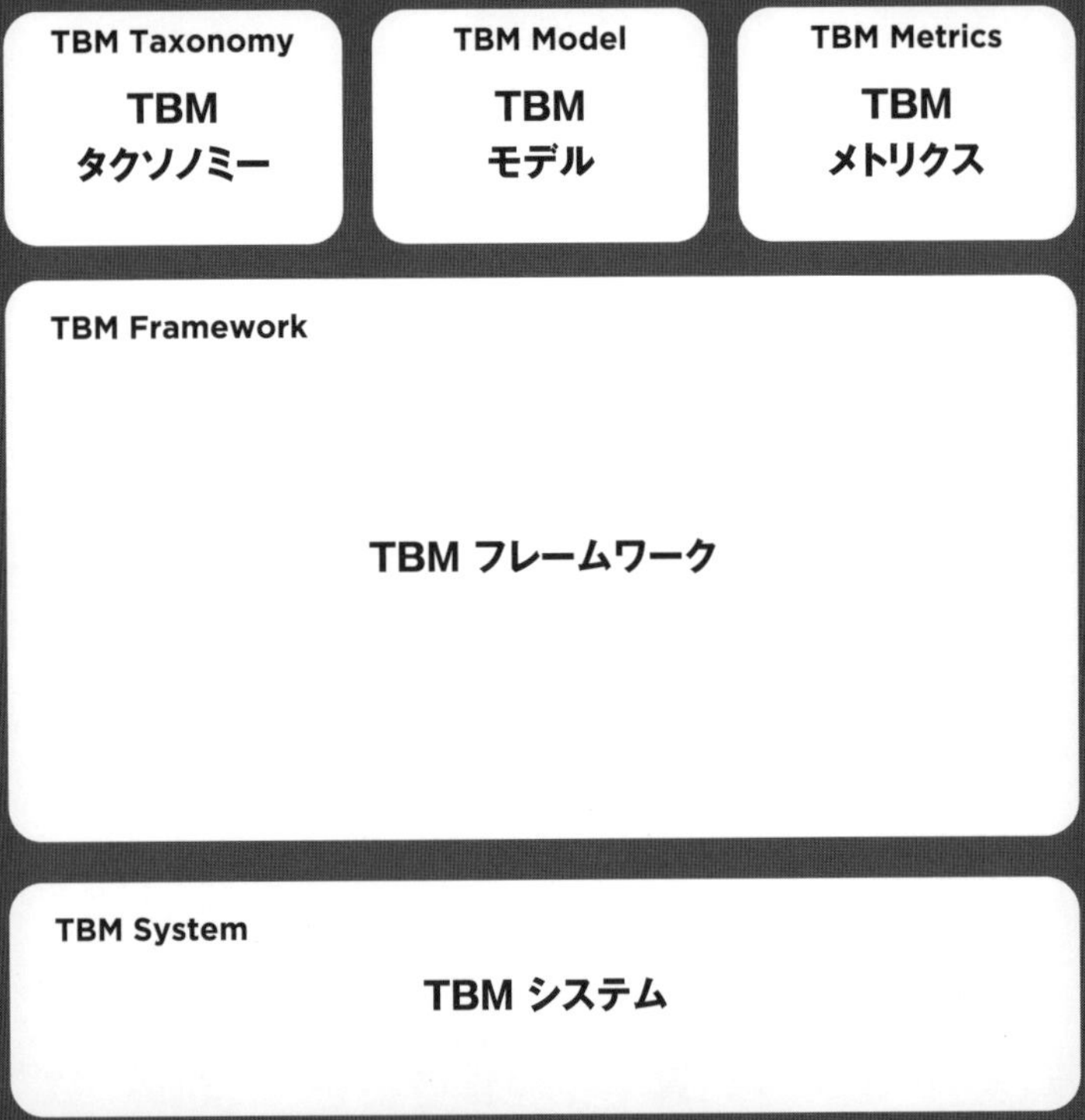
TBM Taxonomy
TBM
タクソノミー
TBM Model
TBM
モデル
TBM Metrics
TBM
メトリクス
TBM Framework
TBM フレームワーク
TBM System
TBM システム

説明の前に

これからＴＢＭについて解説していきますが、その前にＴＢＭとは「縦」と「横」からなる「面」の方法論であると捉えると理解しやすいのでその説明からはじめます。

「縦」は何かというと、この方法論は一番上の目的から逆算した方法論であるということです。つまり、まず目的があり、その目的を達成するためのアクションがあり、そのアクションを支えるための可視化があり、その可視化を支えるデータがあるという「縦の関係性」を論理的に整理したものということです。40ページで「ＴＢＭはデータドリブンのアプローチをとる」と述べましたが、データを収集してから上位の目的を達成するという帰納的なアプローチではなく、目的が最初にあり、その目的を達成するために必要なデータを収集するという演繹的なアプローチをとります。

次に「横」についてです。ＴＢＭはＩＴファイナンスプロセスを高度化するものです。ＩＴファイナンスプロセスは、ＩＴ予算の編成から、ＩＴ予算配賦、ＩＴ予実管理、ベンダー支出管理やアプリケーション最適化、課金などのプロセス群があります。この一連のプロセス群を、ＴＢＭでは時系列を意識しながら左から右に配置しています。これにより、企業におけるＩＴ

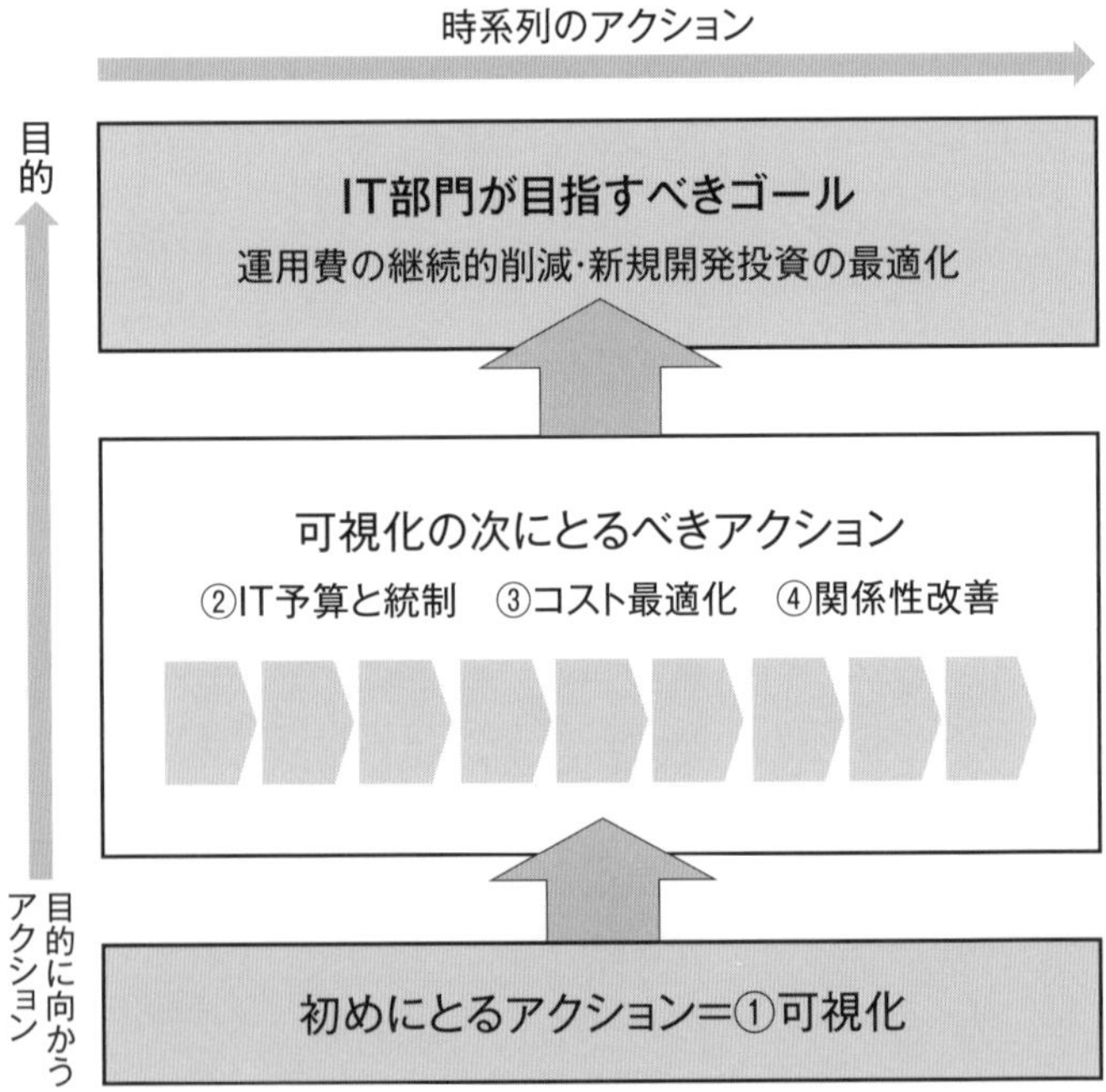

図3-1　TBMの「縦」「横」のイメージ

ファイナンスプロセスを網羅し、個々のプロセス間の依存関係をクリアにしていることが「横の関係性」を表すことになります。

つまり、「横」のそれぞれの定義されたプロセスごとに、「縦」に貫く目的があり、その目的を達成するためのアクション、アクションを支えるための可視化のあり方、可視化を構成するためのデータが定義されているということになります。また、プロセス間の依存関係がクリアにされているため、ある目的達成のために必要なアクションや可視化、またはデータ収集について抜け漏れなく把握できます。（図3−1参照）

これから「ＴＢＭフレームワーク」「ＴＢＭタクソノミー」「ＴＢＭモデル」「ＴＢＭメトリクス」「ＴＢＭシステム」という5つの構成要素でＴＢＭの概要を説明しますが、中心にくるのは「ＴＢＭフレームワーク」です。このＴＢＭフレームワークが「縦」と「横」からなる「面」のものと理解するとよいと思います。残りの４つの構成要素は、ＴＢＭフレームワークの実現を支えるものになります。

TBMの概要

第2部ではTBMの詳細を解説しますが、本章ではまず、TBMの概要を紹介します。TBMカウンシルのメンバー企業およびパートナー企業の中で議論され、現在では次の5つの構成要素が定義されています。

1. TBMフレームワーク
2. TBMタクソノミー
3. TBMモデル
4. TBMメトリクス
5. TBMシステム

1．TBMフレームワーク

TBMのコアとなる、IT部門経営のためのマネジメントフレームワーク。ITIL (Information Technology Infrastructure Library) や、COBIT (Control Objectives for Information and related Technology）のベストプラクティスにある、サービスポートフォリオマネジメント、コスト可視化、利用部門からの要求マネジメントのプラクティスも活用しながら、「ＩＴ部門の２つの役割」、「ＩＴ部門の４つのやるべきこと（規律）」、「ＩＴ部門がビジネス部門と行なう４種類の会話」を定義しています。

※ＴＢＭフレームワークの詳細については第４章で説明します

2. ＴＢＭタクソノミー

ＩＴに関係するステークホルダー全員が、ＩＴの価値について会話ができるようにするための共通言語。ＩＴリソースコスト、テクノロジースタック、プロジェクト、アプリケーションやＩＴサービスを体型的に分類した業界標準の分類体系です。

※ＴＢＭタクソノミーの詳細については第５章で説明します

3. TBMモデル

ＴＢＭタクソノミーの各レイヤーにあるオブジェクトの定義、オブジェクトに入るデータ要件、レイヤーをまたがってオブジェクトを関係させる配賦ルールを定義したもの。配賦ルールについては企業の要件に合わせる必要もあるため、最終的に構築されるＴＢＭモデルは各社固有のものとなります。

※ＴＢＭモデルの詳細については第６章で説明します

4. TBMメトリクス

ＩＴ部門が提供している価値についての指標。提供価値についてビジネス部門との共通理解を醸成する事実データや、ＩＴ部門が追いかけるべき指標にもなり得ます。指標は大きく４種類に分類され、代表的な指標についても紹介します。

※ＴＢＭメトリクスの詳細については第７章で説明します

5. ＴＢＭシステム

ＴＢＭを実践するためのシステム。ＣＥＯが会社経営のためにＥＲＰシステムを利用しているのと同様、ＣＩＯもＩＴ部門経営に必要なシステムを持つべきという理念に基づき、ＴＢＭシステムに求められる要件を次のように定義しています。

・**ＴＢＭモデルを構築する機能**：
コスト配賦モデルの構築・実行・運用をサポートする機能。膨大なデータ、配賦モデルを正しく管理するものでなければならない。

・**他システムからのデータ取り込み・変換・ロードする機能（ＥＴＬ）**：
他システムからのデータを取り込むと共に、他システムでのデータ変更の反映を自動的に行なうものでなければならない。

・**レポートやＫＰＩを提供するダッシュボード機能と分析機能**：
ユーザーが必要とするレポートを予め提供するダッシュボード機能に加え、適切な粒度でレポートを自由に作成できるものでなければならない。

・ITに関係するデータをステークホルダーにわかりやすく提供する機能：

TBMタクソノミーをベースに、ITに関係する状況をステークホルダーにわかりやすく伝えることができなければならない。

・データをセキュアな状態に維持する機能：

請求書や購買データ、（個人ではなく）役割ごとの給与データなど企業によっては機密情報とみなされるデータを取り扱うため、堅牢なシステムでなければならない。

※TBMシステムの詳細については第8章で説明します

このような要素によってTBMは構成されています。TBMは、テクノロジーの提供価値をステークホルダーにわかりやすく説明することでビジネス部門との関係を変容させ、その新たな関係を通じて提供価値の改善を促す、IT部門のための方法論になります。

第4章

TBMフレームワーク

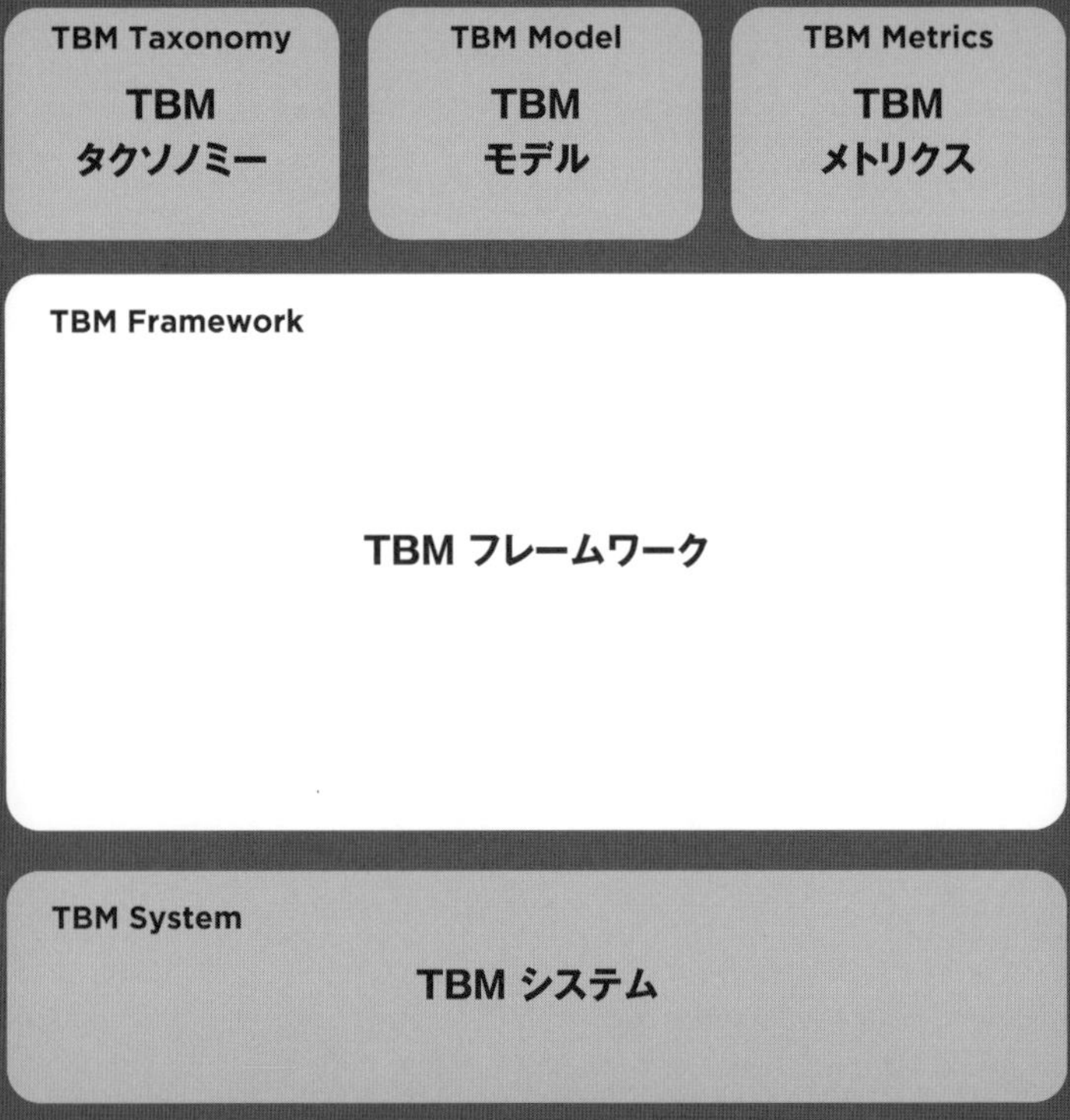

ＩＴ部門が目指すべきゴール「運用費の継続的削減」と「新規開発投資の最適化」

ＴＢＭフレームワークはＴＢＭ全体の中心となるものです。「テクノロジーによって生み出されるビジネス価値の最大化を目的としたＩＴファイナンスの方法論」と定義され、テクノロジーへの投資やＩＴファイナンスマネジメントを実践する方に向けた方法論となります。目指すゴールは、**「運用費の継続的削減」と「新規開発投資の最適化」**です。

「運用費の継続的削減」は誰もがイメージできるでしょう。ＴＢＭはテクノロジーに対する新規投資を推進し、ビジネス価値を上げることを目的としているので、不必要な運用費は継続的に削減し、削減した分を新規開発投資に回すことを目指しています。

ではなぜ**「新規開発投資の最適化」**も「ゴール」としているのでしょうか？

例えば、新規開発投資により、あるＩＴサービスが構築されたとします。そのＩＴサービスは会計のルール上、サービスインを境に償却が始まります。5年か、10年かは異なりますが、

ＩＴサービス開発に投資された金額は減価償却され、投資資金（ＣａｐＥｘ）は、時間の経過とともに、経費（ＯｐＥｘ）に変わります。具体的にいえば、10億円をかけてＩＴサービスを作ります。投資したタイミングではこの10億円は、貸借対照表上の資産の項目に載ります。このプロジェクトが成功し、無事サービスインを迎えます。その日から、この10億円の資産は償却されなければなりません。通常ソフトウェア開発資産は5年をかけて償却します。

10億円を5年で割ると、1年当たり2億円になりますので、財務諸表上、サービスインした日から1年後の貸借対照表（Ｂ／Ｓ）の資産は10億円から2億円を引いた、8億円が記載されます。損益計算書（Ｐ／Ｌ）には2億円が追加されます。この2億円は今後5年間にわたって毎年費用とされていきますので、年間のＩＴ予算が１００億円あったとしても、この2億円は毎年費用として扱われ、残りは98億円になってしまいます。これが5年間続くわけです。

つまり、分別なく新規開発投資が乱発されると不必要に経費が増えることになります。ましてや、減価償却費や償却費は、数年間は動かせない固定費に該当します。したがって、入り口の段階で一定の精査を行ない、将来に不必要な運用費や固定費を増加させないためにも、「新規開発投資の最適化」が必要になるのです。

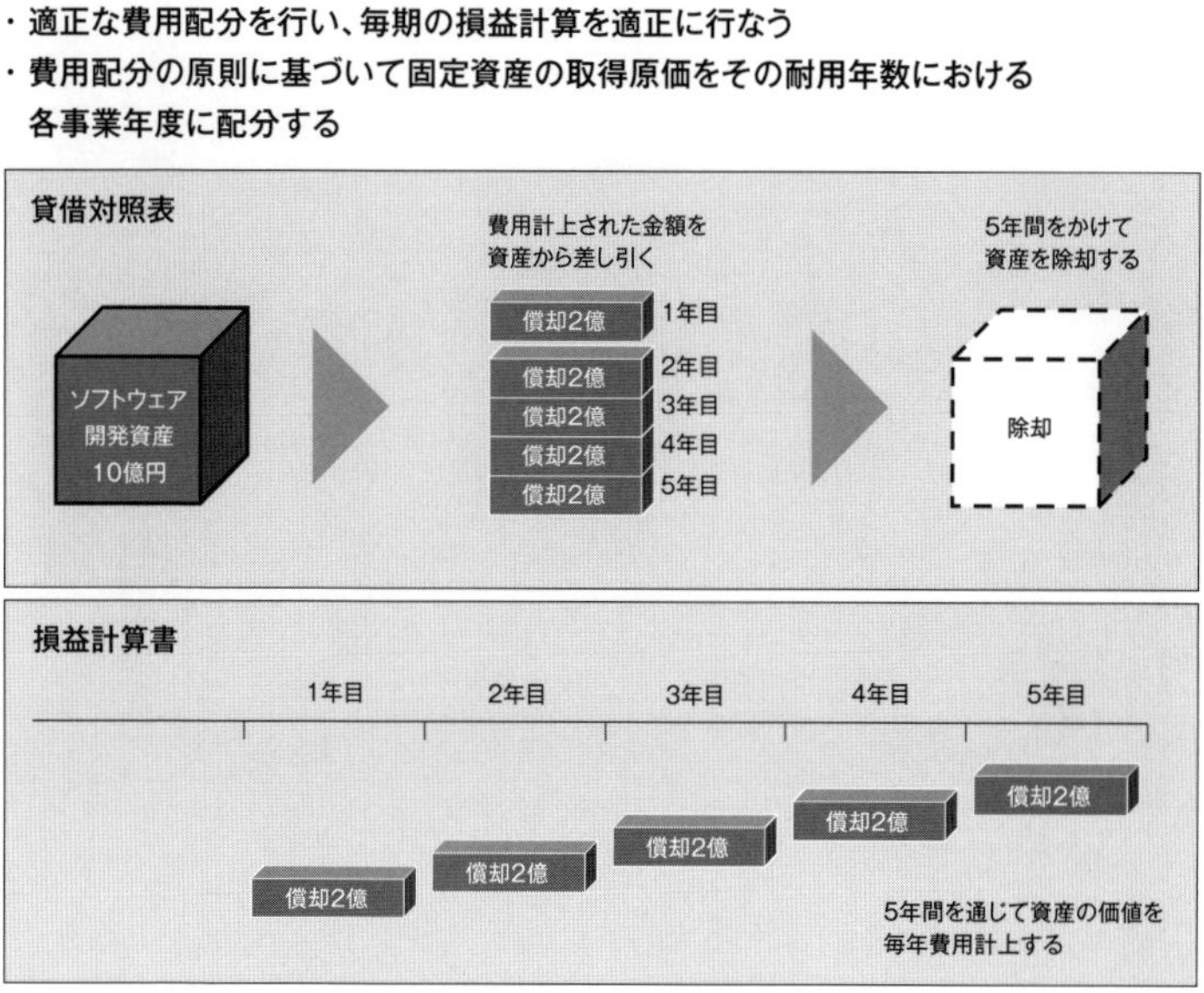

図4-1　ソフトウェア開発資産の償却について

2つの役割、4つの規律、4つの会話を使って運用する

「運用費の継続的削減」と**「新規開発投資の最適化」**という2つのゴールを目指すTBMフレームワークは「2つの役割」、「4つの規律」、「4つの会話」から構成されます。図4-2を見ればわかるように、前章の冒頭で解説した「縦」と「横」の「面」で展開されています。まず「縦」の一番上にあるのが目指すべきゴールで、そのゴールに至るまでの最初のとっかかりが一番下にある「可視化」であることがわかります。そして、「横」では一番左に「役割①提供価値の整理」があり、一番右に「役割②継続的な提供価値の改善」があります。IT部門として、会社に提供できている価値はどこにあるのかをまず整理し、左右に挟まれたプロセスを経て常に「役割②」の改善をしていくことで、提供価値のレベルを上げていくことを目指します。

つまり「縦」で目的までの道のりが示されており、「横」でその道のりを進むための歩き方が描かれているのです。順を追って説明していきましょう。TBMフレームワークはいわば自分たちを進化させていくための、地図とコンパスのようなものです。「縦」で描かれた地図を

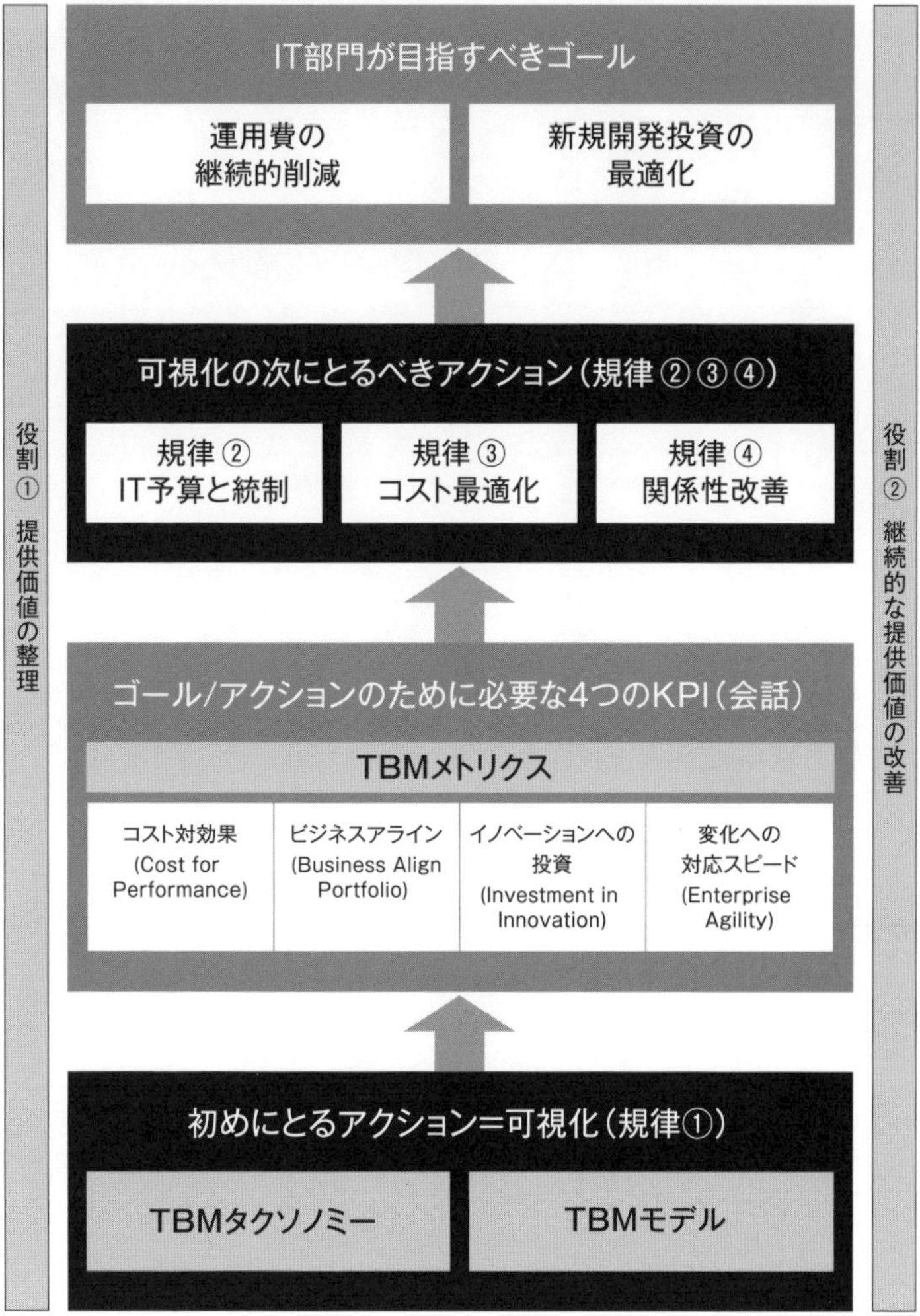

図4-2　TBMフレームワーク

「横」のコンパスで進んでいくというイメージを持ってもらえればわかりやすいかもしれません。

IT部門の「2つの役割」自部門の現在地を知り、継続的改善を目指す

TBMフレームワークで定義された「役割」とは、ITファイナンス高度化において、IT部門が持つべき次の「2つの役割」を指します。

役割①（現時点でのIT部門の）提供価値の整理
役割②継続的な提供価値の改善

役割①（現時点でのIT部門の）提供価値の整理

1つ目の役割は「（現時点でのIT部門の）提供価値の整理」です。IT部門が自社内でどのような提供価値を生み出しているのか？　IT部門だけで整理することも可能かもしれませ

んが、ビジネス部門を含め会社全体がＩＴ部門と同じ認識でしょうか？　確かめるためにも、ＩＴ部門がビジネス部門にとってどのような存在なのかを考えてみましょう。ＴＢＭフレームワークでは、ＩＴ部門とビジネス部門の間でなされる会話の種類に応じて、ＩＴ部門の立ち位置が４段階に分かれると定義しています。４段階の立ち位置とそれぞれの提供価値を示したのが図４−３です。

例えば「ビジネスへ貢献していくための会話」、つまり、データやＩＴサービスを使った売上増加や従業員の生産性についてなど、ビジネス部門の成果についての会話をしているか？このような場合、ＩＴ部門は組織にとって４段階のうち、「ビジネスドライバー」であることがわかります。次に「提供しているＩＴサービスについての会話」、つまり、データ活用や効率化プロセスを通じた業務の改善についての会話であれば、ＩＴ部門は組織にとって「バリュードライバー」であることがわかります。

「プロジェクトやサポートについての会話」、つまり、提供しているＩＴサービスの品質やサポートなどツールについての会話をしていれば、そのＩＴ部門は組織にとって「サービスプロバイダー」であり、単にインフラや人件費などのコストについてのみ会話をしているのであれば「エクスペンスセンター」となります。

先述したようにＩＴ部門の立ち位置については、ＩＴ部門自らによる振り返りから把握できるかもしれません。しかし、客観的な立ち位置を知る上では、ビジネス部門に次のような質問を投げかける必要もあるでしょう。そこで自分たちの立ち位置がビジネス部門の捉え方と同様であるかどうかを確認するのです。

「なぜ、あなた方は外部ベンダーではなく、我々のリソースを活用しているのですか？」

「あなた方はテクノロジーが組み込まれたサービスを作っていますか？　または持っていますか？　もし持っているのであれば、なぜ我々のリソースを活用しないのですか？　もし持っていないのであれば、なぜ我々を頼るのですか？」

「我々にしか提供できないＩＴサービスは何かありますか？またそのサービスのユニークな点は何ですか？」

「あなた方のビジネスのゴール達成のために、我々はどのようにお役に立てますか？」

「あなた方はＩＴ部門をビジネスパートナーとして考えたことがありますか？」

このように自らの振り返りとビジネス部門からのフィードバックを通じ、自分たちIT部門がどの立ち位置にいるかを把握します。繰り返しになりますが、立ち位置は次の4つが定義されています。それぞれの特徴を説明します。

「ビジネスドライバー」

この段階は対外的にテクノロジーサービスを提供している組織のみに成立します。SaaSやIaaSを通じて対外的な売上を立てる組織に適用されます。もしくはリテールのECストア事業部などにも適用できる段階です。

「バリューパートナー」

技術サイドのリーダーに率いられますが、ITのビジネスへの活用だけでなく、どのようにビジネスを変革させるかについてもビジネス部門と共に考えます。事業会社のIT部門を考えた際に最適なIT部門の段階です。

「サービスプロバイダー」

提供ITサービスについてのオーナーとビジネスリレーションシップマネジャー（提供ITサービスについてのビジネス部門との窓口）を配置し、ITサービスについてのマネジメントを実施します。ビジネス部門からの新たな要求に対応するため、ＩＴサービス開発という既存の枠組みで対応を行ないます。外部ＳａａＳにとって代わられる可能性もあります。

「エクスペンスセンター」

どの組織にもあってはならない段階です。ＩＴ予算は売上の何パーセント以内など、ＩＴ予算を最初からコストとみなして決定している不適切なやり方を採用しています。この段階が当てはまるＩＴ部門や組織は淘汰されていくでしょう。

４段階のうち、「ビジネスドライバー」になり得るのはテクノロジーを主軸としたビジネスモデルを展開している組織、例えばマイクロソフト社やグーグル社などのテックカンパニーに適用が可能で、一般事業会社で目指す段階は「バリューパートナー」とされていますが、時代の変化の速さから鑑みると、そうとも言い切れないかもしれません。

価値

IT部門の立ち位置	特徴
ビジネス ドライバー	・対外的にテクノロジーサービスを提供している ・SaaSやIaaSなどを通じて対外的な売上をあげる ・リテールのECストア事業部などにも適用できる
バリュー パートナー	・技術サイドのリーダーが、IT活用だけでなく、ビジネス変革を利用部門と共に検討 ・事業会社のIT 部門を考えた際に最適
サービス プロバイダー	・提供ITサービスのオーナーとビジネスリレーションシップマネジャーを配置し、ITサービスのマネジメントを実施 ・ビジネス部門からの新たな要求に対応するため、ITサービス開発という既存の枠組みで対応する ・外部SaaSにとって代わられる可能性がある
エクスペンス センター	・サービス志向が希薄で、IT予算を単にコストとみなしている ・IT予算は売上の何%以内など、不適切なやり方を採用 ・今日のどの組織にもふさわしくない

コスト

図4-3　IT部門の段階モデル

役割②　継続的な提供価値の改善

２つ目の役割は「継続的な提供価値の改善」です。目指す方向に対して、継続的な改善を行なうことはＩＴ部門にとって重要な役割です。では、何を改善していくのか？　これは次の「４つの規律」が指標になります。「４つの規律」の詳細は後述しますので、ここでは概念的に理解していただければ問題ありません。

1. **「可視化」**
2. **「ＩＴ予算と統制」**
3. **「コスト最適化」**
4. **「関係性改善」**

「４つの規律」を用いて継続的な改善を行ない、先ほど紹介したＩＴ部門の４段階「ビジネスドライバー」「バリューパートナー」「サービスプロバイダー」「エクスペンスセンター」の段階を上げていくことを目指します。例えば自部門が「サービスプロバイダー」の立ち位置であれば、「バリューパートナー」を目指すといった具合です。

具体的な段階の上げ方について考えてみましょう。例えば、「ＩＴ予算と統制」という規律において、ＩＴ予算は売上の何パーセント以内に抑えるべきと定められていたり、予め決められた社員一人当たりのＩＴ費用からＩＴ予算が算出されていたりする場合、その企業は先ほど紹介した「エクスペンスセンター」という段階に当てはまります。

この「エクスペンスセンター」の一段上のレベルとなる「サービスプロバイダー」における「ＩＴ予算と統制」のあり方は、ＩＴ予算はビジネス部門に利用されるＩＴサービスの総額に基づいて決定される状態と定義されています。

この状態を実現するためには、提供しているＩＴサービスのＴＣＯ（Total Cost of Ownership）と、利用状況の双方が把握されていなければなりません。どのビジネス部門がどのＩＴサービスをどれだけ利用しているか、そのＩＴサービスを動かすのにどれだけの費用が必要かを把握していないと、この状態にはたどり着けません。

この状態を実現するためには、「ＩＴ予算と統制」以外の３つの規律も深く関わってきます。

例えば「可視化」の規律で「サービスプロバイダー」では、ＩＴサービスを構成するインフラコストも含めてＴＣＯが把握されており、そのＩＴサービスをビジネス部門がどれだけ利用しているかについても把握されている状態になります。

「コスト最適化」の規律において、「サービスプロバイダー」は、同業他社や社内部署間でのベンチマーク比較がされて、コストターゲットの設定と改善が継続的になされている状態になります。「関係性改善」の規律においては、ＩＴコストはビジネス部門の利用量、または予定された金額に基づいて配賦がされており、ビジネス部門はその請求額について把握をしている状態になります。

「４つの規律」はそれぞれ密接に関わっています。規律の中の一つでも段階に沿わないものがあれば、ＩＴ部門はその段階には至っていないことになります。「エクスペンスセンター」から「サービスプロバイダー」に段階を上げる際は、４つの規律のすべてにおいて「サービスプロバイダー」になっていないと成立しないのです。

４つの規律のうち最も重要なものは「可視化」で、ＩＴ部門の立ち位置を上げるため真っ先に取り組むべき規律（アクション）になります。

価値 ↑

IT部門の立ち位置	可視化	IT予算と統制	コスト最適化	関係性改善
ビジネスドライバー	ビジネスケイパビリティについてのTCOを管理。テクノロジーによるビジネス成果（売上増や業務効率化等）に対するテクノロジーコストを把握	テクノロジー予算は、提供サービスに欠かすことができず、その計画はビジネス計画の一部として統合	ビジネスケイパビリティに対するユニットコストを管理し、テクノロジー活用によるさらなるコスト削減の余地を探求	テクノロジーコストが提供サービスコストの一部となっており、提供サービスに対する需要はマーケットの動向により決定
バリューパートナー	ITサービスTCOをユニットコストをベースとして管理。ITサービスオーナーは利用部門のビジネス成果と利用状況を把握（1ビジネストランザクションに対するコスト等）	テクノロジー予算は、利用部門の計画に基づいており、ITサービスの維持に必要な予算とイノベーションに必要な予算が明確になった形で決定	ITサービスのユニットコストをトラックしており、ビジネス価値の改善とコストのトレードオフを実施可能	テクノロジーコストは利用部門のコストとみなされており、利用部門のP/Lに反映（チャージバック）
サービスプロバイダー	サービスデリバリーのコストをユニットコストをベースとして管理。ITサービスオーナーは、利用部門による当該のITサービスの利用状況を把握	テクノロジー予算は利用部門が利用するITサービスの総額に基づいて決定	社内の部署間や同業他社とのベンチマークや、ビジネスパフォーマンスに対するコストターゲットの設定し、改善活動を実施	テクノロジーコストは利用部門の利用状況またはあらかじめ設定されたレートに基づいて配賦。利用部門は利用状況に基づいた請求書を受領（ショーバック）
エクスペンスセンター	財務報告を基にテクノロジーコストを把握。利用部門とコストやビジネスパフォーマンスに関する対話が未実施	テクノロジーコストの予算は「売上の何%以内」や「社員1人当たりのITコスト」などおおまかに決定	ビジネスインパクトやリスクを考慮せずに、トップダウンによるコスト削減を実施	テクノロジーコストは利用部門に全く配賦をされないか、または従業員数に基づいた配賦などおおまかなレートにより実施

コスト

図4-4　4つの規律とIT部門立ち位置

「4つの規律」の詳細は、このあと「『4つの規律』の詳細」（95ページ）で紹介していきます。

「4つの会話」を通じてゴールを目指す

TBMフレームワークの中で、高度なITファイナンスの「ゴール」は冒頭にも掲げている通り、**「運用費の継続的削減」**と**「新規開発投資の最適化」**と定義しています。このゴールを目指すためには、これまで紹介してきた「2つの役割」を通じて、IT部門の段階を上げていくことが求められます。

IT部門の段階を上げるためには何をすればよいでしょうか？

それは先ほど紹介した「4つの規律」について、段階を上げていくことになります。それぞれの段階をどのように上げていくべきかについてもTBMでは定義をしています。まず4つの規律のうち「可視化」を行ない、可視化された状態に基づいて、IT部門がビジネス部門を含めたステークホルダーと会話をしながら、そのほかの規律、「IT予算と統制」「コスト最適化」「関係性改善」を実行していきます。TBMではIT部門だけでなく、ステークホルダーを巻き込んでＩＴファイナンスを高度化することに重きを置いていますが、ステークホルダーを巻き込むために「４つの会話」を用います。この「会話」とは、指標やＫＰＩと読み替えることができます。この「４つの会話」のことを、ＴＢＭではＴＢＭメトリクスと呼んでおり、第７章で詳しく説明します。また「可視化」についても後述しますが、今あるデータから可視化をするのではなく、「ＩＴ予算と統制」「コスト最適化」「関係性改善」についてどのような状態にしたいかという目的を決め、その目的達成のために必要なデータを特定し、それを使って可視化していきます。

「4つの規律」の詳細

「規律」とは、組織のＩＴファイナンスを担当する部署が「やるべきこと」です。この規律には順番と特徴があります。まず図4-5を見てください。このうち、「ＩＴ予算と統制」「コスト最適化」、「関係性改善」、は具体的なプロセスです。この３つの規律を支えるために「可視化」が存在すると理解するとよいかもしれません。

「可視化」の標準モデルとして、後述するＴＢＭタクソノミーがあり、ＴＢＭモデルがあり

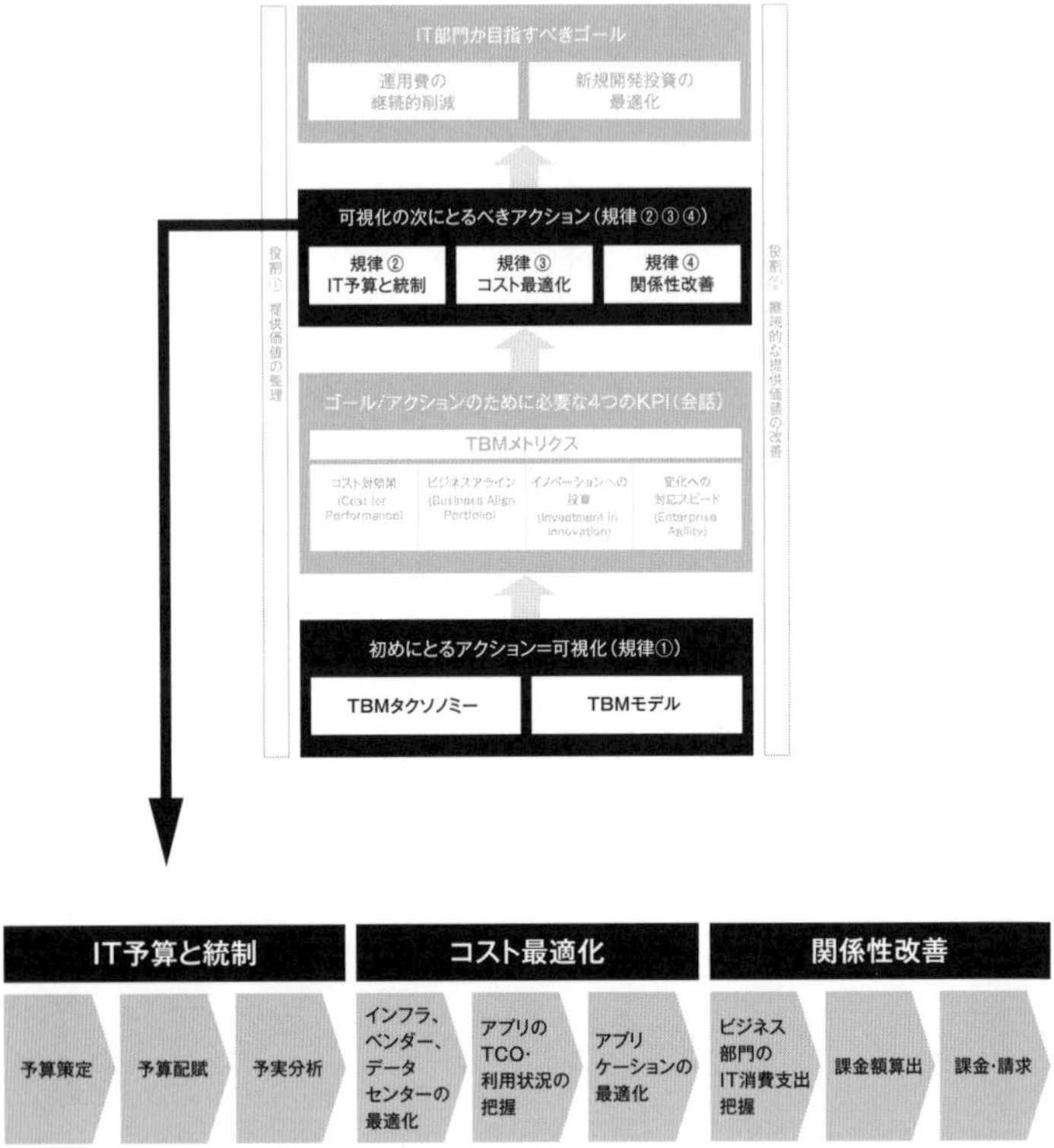

図4-5　可視化の次にとるべき3つのアクションと業務プロセス

ます。残りの3つの規律（「ＩＴ予算と統制」「コスト最適化」、「関係性改善」）については、ＴＢＭでアプローチが定義されており、ＩＴファイナンスの実務上では主に9つのプロセスと関連しています。

規律①「可視化」

ゴールを達成するためにやるべきことは「ＩＴ予算と統制」、「コスト最適化」、「関係性改善」の3つです。この3つを実現するために最適なかたちで「可視化」を行なうことが最初にやるべきことになります。

「可視化」にまつわる問題

ちなみにＩＴファイナンスにおける可視化は何年も前から取り組まれているテーマですが、上手くいっているケースは多くありません。ここでは実際に耳にした可視化にまつわる問題を4つ紹介します。

問題1：アクションを想定していない

ある企業から「可視化をした後に何をすべきかがわからない。そこについてのアドバイスをもらえないか？」という依頼がありました。何らかの目的があって可視化に着手されたのですが、データの収集など可視化に至るまでの複雑な工程を進めていく中で、そもそも何を行なうべきかわからなくなってしまったのでしょう。結果として可視化は行なったけれど……の状態になってしまったのです。

問題2：目的からずれている

別の企業から、経営会議でＩＴコストの可視化が必要であることを訴えた際、「今、サプライチェーンシステムの刷新を行なっているが、その中でデータベースの刷新も行なっている。その中で実現すればいいではないか」と反対されたとのことでした。そもそもサプライチェーンシステムは物流を効率化するためのシステムであり、データも物流最適化の実現のために使われるので、ＩＴファイナンス高度化を目的としたデータの持ち方とは異なります。このデータベースをＩＴコスト可視化のために改修するべきではありません。

問題3：プロセスが網羅されていない

比較的ＩＴファイナンスに対して先進的な取り組みをされている企業の例です。その企業では、運用費を削減するという目標が設定され、それに向けて「利用率の低いアプリケーションの廃棄」というプロセスを通して実現するということも明確になっており、そのために、個々のアプリケーションにかかっている費用を可視化するとのことでした。「廃棄についてビジネス部門は賛同しているのですか?」と伺うと、「そこまでは考慮していなかった」とのことでした。アプリケーションは業務に密接に関係していることが多いので、廃棄をするためには、そのアプリケーションを使っているビジネス部門との合意が必要になります。ＴＢＭの中ではアプリケーション廃棄というプロセスによる運用費削減はビジネス部門の理解を得た上で実現する一連のプロセスとして定義されています。例えば、①アプリケーションごとのコストと利用状況を把握、②利用状況に応じたビジネス部門への課金額算出と課金、③低利用率のアプリケーション廃棄についての加速といったかたちです。プロセス単体ではなく、達成したい目的のために一連のプロセスを網羅した上でないと、可視化をしても期待していた効果を得ることはできません。

問題４：作業負荷の高い可視化

こちらも比較的先進的な取り組みをしている企業です。同社では改善したいプロセスが決まっており、すでに持っているデータからＢＩ（Business Intelligence）ツールを使った可視化に着手していました。この可視化のために、いくつかのデータソースからデータを収集し、データマートを作っていました。この企業は、プロジェクト予算と支払い実績額との比較というプロセスを改善し、ＩＴ予算を正しく使うということを考えていたのです。私が

「IT運用費削減は課題ではないのですか?」と伺うと、「課題です」とのことでした。「収集している支払い実績額のデータはIT運用費削減にも利用できますが、そこも考慮してデータマートを作るのですか?」と尋ねると、「そこは別途、可視化する予定です」とのことでした。つまり、改善したいプロセスに対して、その都度可視化を行なうということです。可視化の作業は現場の方への労力がかかり、また都度の作業は継続的に人的リソースを割り当てることになり、あまり得策ではありません。

このような事例を見ると、全体俯瞰がないまま、持っているデータをとにかく可視化するというアプローチはよい結果につながらないことがわかります。ITファイナンスの高度化という目的において、どのプロセスを対象とし、どのようなアクションをとり、そのアクションを支援するためにどのようなデータを使って可視化を行なうかを整理して、アプローチする必要があります。

ITファイナンスの領域は広範囲にわたり、いくつものプロセスから成り立っており、それぞれのプロセスは相互に関連しています。例えばアプリケーション廃棄というプロセスに対し、課金というプロセスはよい影響を与えます。関連するプロセスが網羅的に捉えられていないと、後から同じデータを使った都度の作業が発生してしまいます。TBMではITファイナンスのプロセスを網羅的に捉えており、それぞれのプロセスにおいて高度化に必要となるアクションも定義されています。そのアクションを支えるために可視化が土台となっているのです。

この可視化に中心的な役割を果たすのが、後述する「ＴＢＭタクソノミー」と「ＴＢＭモデル」になります。この2つの要素を用いて、可視化を推進します。

「ＴＢＭタクソノミー」（136ページ）とは、ＴＢＭの二つ目の構成要素です。ＴＢＭタクソノミーは次の4つのレイヤーから構成されます。

- **コストプール**
- **タワー**
- **ソリューション**（アプリケーション、プロダクト、サービス）
- **利用部門**（ビジネスユニット、ビジネスアーキテクチャ、カスタマー&パートナー）

各レイヤーの下には複数のオブジェクトが存在します。例えば、コストプールの下には、内部人件費、外部人件費、社外サービス、ハードウェア、ソフトウェア、設備・電力、電気通信、その他（雑費または非標準的な費用）、社内サービスなど9つのオブジェクトが存在し、オブジェクトによってはサブオブジェクトを持つ、階層構造になっています。これらは、予め定義されたITファイナンス可視化モデルです。

「TBMモデル」（154ページ）はTBMを活用して、IT投資を可視化し、360度の視座で評価していくためのルールとロジック集です。

規律②「IT予算と統制」

TBMフレームワークにおける2つ目の規律は「IT予算と統制」になります。TBMではIT予算を策定するプロセスと、確定したIT予算の消費状況を管理するプロセスにおいて価値を提供します。

IT予算の策定（予算策定）

IT予算は通常、新規開発費と運用費に分かれており、それぞれがワークフローで申請と承認がなされ、最終承認がなされると全社IT予算として確定します。この時の課題としては、それぞれの予算担当者が予算超過を恐れてバッファを積むため、全体のIT予算は必要となる金額より多くなってしまいます。これを避けるためには前年度のIT予算に対する予算実績比較の結果を、適切な粒度で見ることが重要になります。

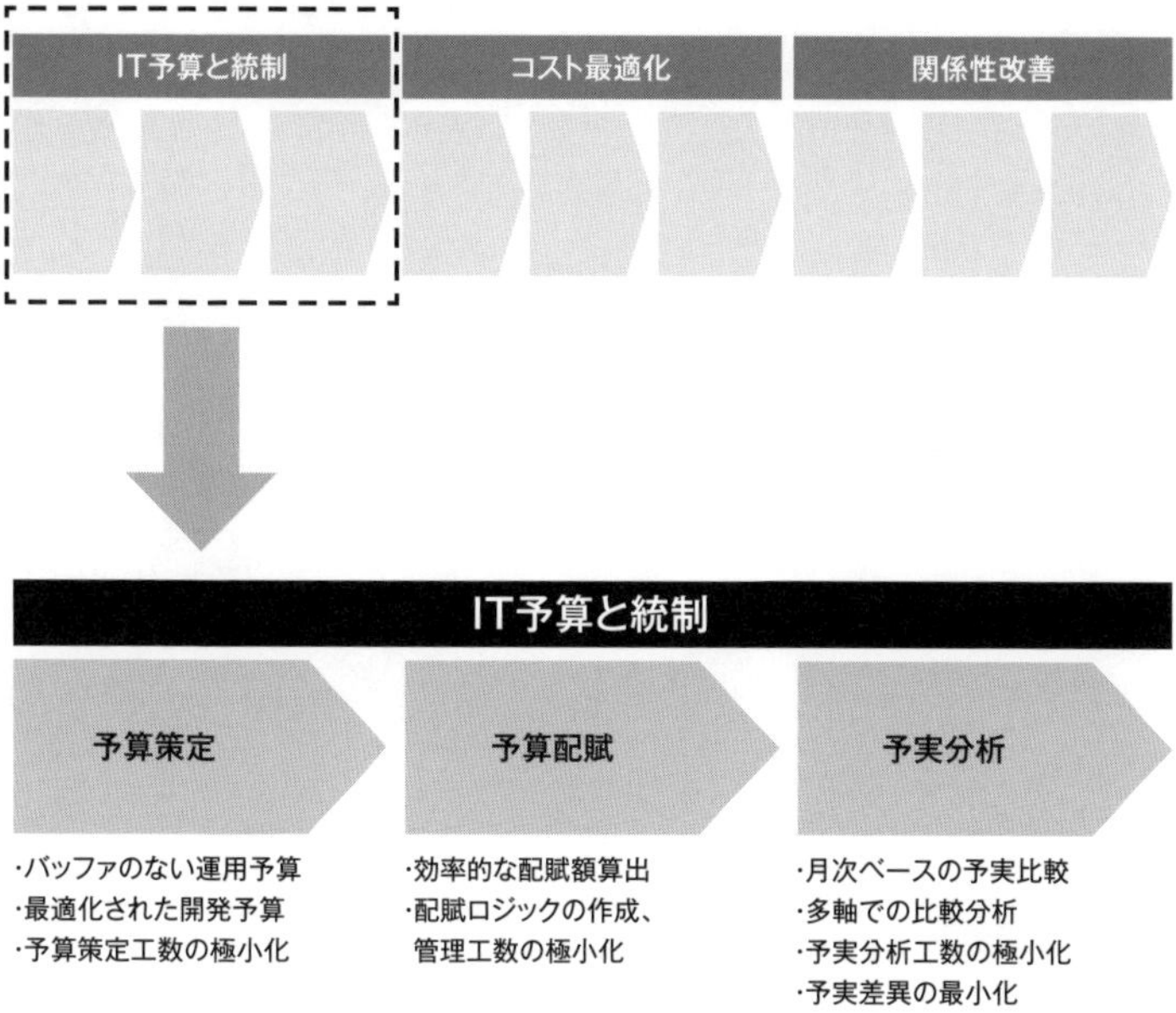

図4-6　規律②「IT予算と統制」

ＩＴはビジネス活動から外せない重要なものなので、必要に応じて適切なＩＴ予算が確保されなければなりません。しかしＩＴ部門がビジネス部門から孤立している場合、ニーズを十分に汲み取っていないＩＴ予算となってしまいます。これはビジネス部門とＩＴ部門の間でコミュニケーションが不十分なことが原因です。また、ＣＦＯから出てくる予算編成方針などで、「ＩＴ予算については売上金額の○％以内にすること」など、金額ありきでＩＴ予算を策定せざるを得ない場合もありますが、これはＣＦＯに対してＩＴ部門がニーズを説明できていなかったことに起因します。確かにＩＴ予算は勘定科目コードとコストセンターで表現されることがありますので、このままではＣＦＯに正しくニーズを伝えるということが困難です。またグローバルに展開する組織では、リージョンごとに勘定科目コードマスタが異なる場合があり、そうした場合、各リージョンにおけるＩＴ予算についての比較が困難になります。

このような問題に対して、ＩＴ予算を後述する「ＴＢＭタクソノミー」（１３６ページ）に投入することで解決を図ることができます。ＴＢＭタクソノミーで可視化されたＩＴ予算は、ＴＢＭタクソノミーの特性上、ビジネス部門、ＩＴ部門、ファイナンス部門の各ステークホルダーが理解できるかたちで表現・提示されます。これにより、組織全体でＩＴ予算について理解することができ、ニーズを反映したＩＴ予算を策定することが可能になります。

　また、リージョンごとに勘定科目コードが異なるという問題に対しては、コストプールの定義で項目体系を揃えることで対応することが可能です。ＴＢＭタクソノミーに取り込んだデータが最初に展開されるのは、コストプールレイヤーのオブジェクトです。取り込んだデータをコストプールのオブジェクトに分類する際には勘定科目コードを使うことが一般的です。従って、各リージョンの予算を取り込む際に、勘定科目とコストプールのマッピングをリージョンごとに変えておくことで、コストプールのレイヤーでＩＴ予算の比較粒度を揃えることが可能になります。

　ＩＴを生業としていない事業会社においては、ＩＴに関する勘定科目が極端に少ないという課題があります。これはＩＴについての管理会計の体系が未成熟であることに起因し、多くの事業会社のＩＴ部門が直面している課題です。このような場合、勘定科目の体系を変えて、ＩＴについての勘定科目を増やすというやり方をとると大掛かりになり、ＩＴ部員に勘定科目まで覚えてもらうことになってしまいます。このような場合は、ＩＴの費用についてはＴＢＭタクソノミーのコストプールのオブジェクトを使って分類してもらうことを推奨しています。コストプールのオブジェクトはサブプールも合わせると23個あり、ＩＴ部員でもわかりやすく選択できます。予算や支払う予定の費用などについてコストプールのオブジェクトを拠り所に、ＩＴ部員に分類をしてもらい、ＩＴについての管理会計を整備していけます。

通常、ＩＴ予算は主に新規開発費と運用費に分けて策定されます。新規開発費は開発予算と想定リターンが記載されて申請されてきます。プロジェクトの遅延リスクなども考慮して開発予算にはいくらかのバッファが積まれています。また、運用費は、前年の予算額と実績額を参考にして策定されますが、こちらもバッファが積まれていることがあります。大きな組織ではＩＴ予算に関わる担当者が数百人になることもありますので、このバッファが全体のＩＴ予算として合算された際に非常に大きな金額となってしまいます。ＴＢＭではこのバッファの問題に対して、ＩＴ予算編成時に解決するのではなく、確定したＩＴ予算が使われ始めたタイミングで解決します。

ＩＴ予算の配賦（予算配賦）

組織によりますが、ＩＴファイナンスを高度化するためには、確定したＩＴ予算を利用するビジネス部門にも負担してもらう必要があります。特定のビジネス部門しか使わないＩＴサービスであれば、そのＩＴサービスにかかる予算はそのビジネス部門だけに配賦します。しかしＩＴサービスによっては複数のビジネス部門が利用することがあり、そのようなサービスにかかる予算は複数のビジネス部門に対して、ある掛け率を使って配賦額を決定します。この時の課題は配賦作業に労力がかかる点と、属人的な作業となりがちな点です。また、決定した配賦額についてのビジネス部門への説明に時間がかかる点があります。これを避けるためには配賦作業を効率化し、配賦ロジックをわかりやすく説明するシステムが必要となります。

ＩＴ予算は必ずと言っていいほど余ります。これまで多くの日本企業と向き合ってきましたが、予算を超過したケースはありませんでした。ＩＴ予算と実際に使った金額の比較を「予算実績比較」や「予実比較」と呼び、その差異を「予実差異」と言います。年度末のＩＴ予算の予実差異率を伺うと、10％程度から7％や5％という企業もあります。予算が余ると次年度の獲得などに困るので、年度末にあっても困らないものを購入するというケースもあります。予算が余ってしまう企業に対して「その年度でＩＴ予算が足りずに諦めたプロジェクトはありましたか？」と尋ねると、ほぼすべて「あった」と答えます。これはＩＴ投資機会の逸失です。ＴＢＭではこの課題に対し、「高頻度かつ多軸による予実比較を実現する」ことで解決します。

ＩＴ予算と消化状況の追跡（予実分析）

通常、編成された予算に対して、適切に消化されているかを確認するため、実績との比較分析を行ないます。この予実分析結果を経営やステークホルダーに説明をしていく必要がありますが、ここでの課題は、この予実分析も労力のかかる作業となることです。予め比較粒度を定め、比較粒度に合わせた実績データの取り込みを行なうシステムが必要です。

企業にIT予算と実績の比較の頻度を伺うと、「四半期毎や年に二回」という回答が多いですが、月次の実施という企業もまれにあります。月次実施というある企業では、予実差異は3%と小さかったのですが、毎月15名が3営業日を使って行なっているとのことでした。つまり、予実比較を高頻度で行なうことで予実差異を減らし、投資機会の逸失を減らせてはいるものの、非常に人手がかかっていたわけです。また人手に頼っているため、予算と実績を比較する比較軸も簡単に増やすことはできません。

TBMではTBMタクソノミーと154ページで紹介する「TBMシステム」を使って高頻度で多軸の予実比較分析を実現します。例えば、年度が始まる前に確定したIT予算をTBMタクソノミーに投入しておき、年度が始まると、ベンダーへの支払いやIT部門の社員の給与の支払いに伴い、支払い実績のデータが発生します。この実績データをTBMタクソノミーに自動で投入していくことで、予算と実績の比較がシステム化されます。比較軸についてはTBMタクソノミーのオブジェクトを利用でき、予算と実績データの双方で共通の項目があれば、それを比較軸とすることができます。

予算には存在する項目が実績データには存在しないような場合には、実績データに該当する項目を加える必要があります。TBMタクソノミー上に予算データと実績データが展開されると、例えばコストプールのオブジェクトを比較軸として予実比較を行なえます。その際、「社外サービス」で実績額が予算額を超過していた場合、TBMシステムで超過した原因となる実績データを特定できます。これはTBMタクソノミーが階層化された状態でデータを持っていることによって実現できるものです。TBMを導入している企業は、この予実比較を月次や隔週で実行しており、予実差異は多くの場合1％未満になっています。また次年度の予算を立てる際には、各予算担当者に、前年度の実績額や予実差異の状況をデータで提示することができます。TBMではこのようなデータを複数年分保持することができるので、過去の予算額と実績額や予算差異を見せることで、各予算担当者が積んでしまうバッファを抑えることが可能になります。

規律③「コスト最適化」

利用しているインフラのデータ収集・管理と、ベンダーとの契約・支出管理を行ない、余剰インフラの削減やベンダーの集約、契約を見直しながら、コストの最適化を図ります。多くの企業はインフラのデータやベンダーごとの契約データはあるものの、インフラの稼働状態やベンダーへの支出額が一元的に管理されていないため、定常的にこのプロセスでコスト最適化を行なうことが困難になっています。これを避けるためにはインフラとアプリケーションや、プ

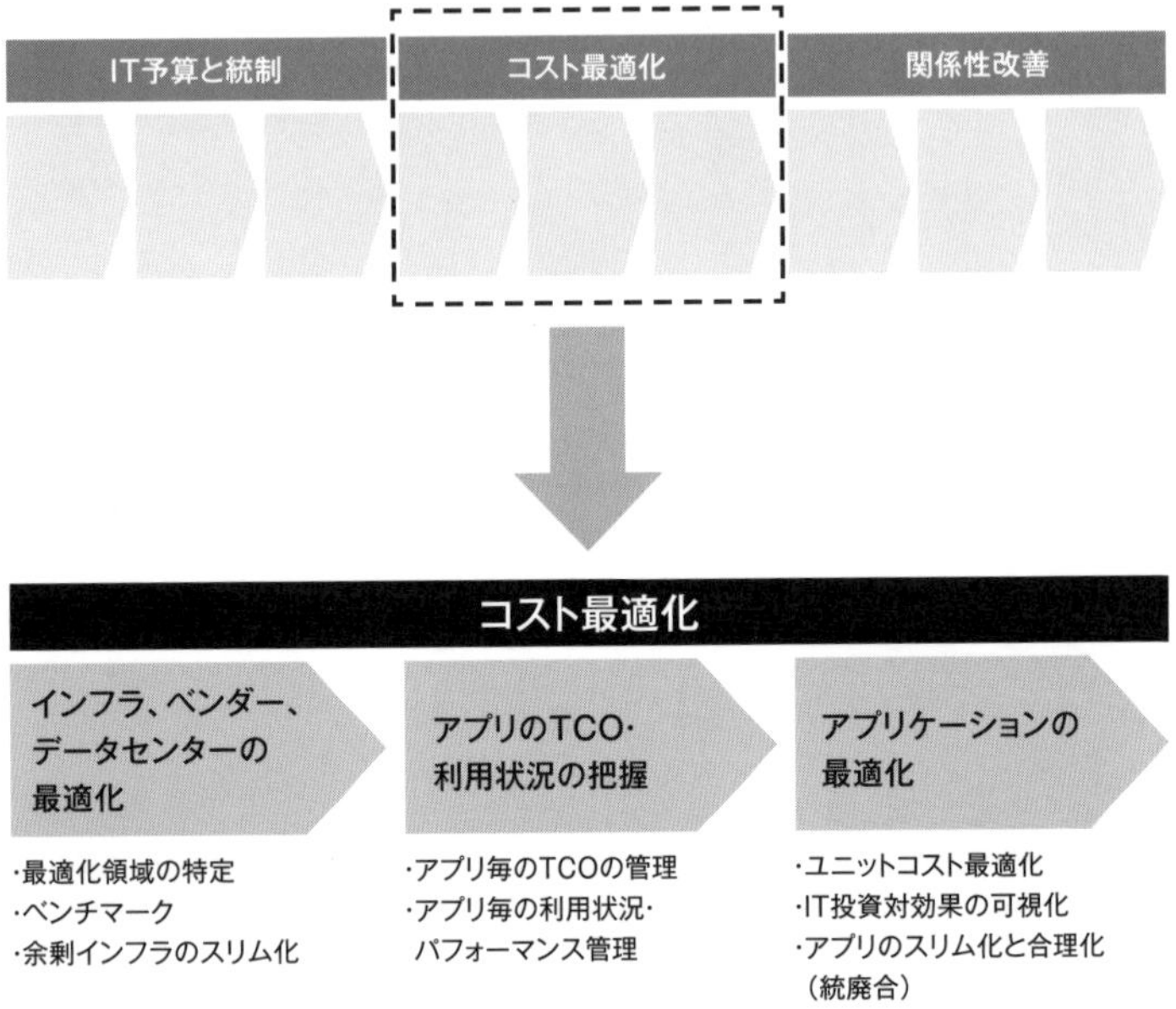

図4-7　規律③「コスト最適化」

ロジェクトとベンダーなど、関連する紐づけを行ない、効率的な管理をする必要があります。

可視化によってＩＴリソースがどのように使われているか、インフラにコストがいくらかかっているか、アプリケーションやＩＴサービスのＴＣＯや利用状況はどのようになっているか、といったことをステークホルダーに見せることができるようになったとしても、それだけではＩＴファイナンスの高度化が実現したと言えません。ＩＴコストの説明を十分に行なえたとしても、その妥当性が確認できなければ、削減する必要があります。ＴＢＭフレームワークにおいて、コストの妥当性の確認と削減については次の４つの方法で解決していきます。順番に解説していきます。

ベンチマーク
ユニットコスト
余剰リソースの削減
プロジェクトコストの管理

ベンチマーク

ベンチマークは同業他社や同じグループに所属する各社、同一企業の他部署との比較に使い、コストの妥当性確認とコスト削減の切り口として使います。サードパーティーのベンダーやコンサルティング会社にベンチマーク比較を依頼する場合も、比較の切り口は依頼先の会社によって異なると思います。TBMではアプリケーションやITサービスについての比較は推奨していません。他社のERPパッケージのライセンス金額については、知り得るかもしれませんが、そのパッケージのカスタマイズを加味したアプリケーションレイヤーでのコスト比較はできません。同じ業界でもどれだけカスタマイズをしているかは会社によって異なるからです。その代わりにインフラレイヤーやリソースレイヤーではベンチマーク比較をすることを推奨しています。インフラとリソースの粒度で比較をすることによって、当該コストの妥当性の証明、コスト削減余地の把握、ベンダー交渉に使うことができます。

ＴＢＭタクソノミーは、タワーとコストプールのレイヤーにそれぞれのオブジェクトが定義されています。同じオブジェクトにより、同業他社間、同グループ会社間、企業内他部門間で比較を行なうことで、妥当性の証明を行ないます。グループ会社や企業内他部門のデータはグループ内、社内のデータになりますので、ＴＢＭタクソノミーに投入することができ、比較することも可能です。その中で、インフラごとに支払っている金額や同じベンダーに対してかかっているコストなどを比較することによって、自らのコスト妥当性の検証を行なうことができます。

同業他社のデータの入手はＡｐｐｔｉｏ社のソリューションになってしまいますが、タワーにあるオブジェクトごとの比較対象先データを、ＩＳＧというサードパーティーから購入し、そのデータで比較を行います。例えば、タワーにあるオブジェクト「コンピューティング」はいくつかのサブタワーを持っています。そのうちの「ＵＮＩＸ」のサブタワーについて、ＩＳＧのデータは業界の平均コストを提示してくれます。これを参考に、自らのコストが業界平均より少ないのであれば、コストの妥当性について証明することができます。仮に、そのコストが業界と比べて高かった場合は『コンピューター』の「ＵＮＩＸ」においてはコスト削減余地があるということを把握することができます。さらに詳しく比較を見たい場合は、コストプールのレイヤーに移ります。コストプールは「ハードウェア」のオブジェクトを持っています。この「ハードウェア」も高いということであれば、二つのファクトデータをもってベンダー交渉に使うことができるかもしれません。

Ａｐｐｔｉｏ社のソリューションでは、タワーにあるオブジェクトについての業界データはＩＳＧから購入していますが、コストプールにあるオブジェクトのデータについては、データ提供を許可しているＡｐｐｔｉｏのユーザーのデータを比較対象先データとして使用しています。２０２２年11月時点ではこのデータの大半は欧米のユーザーなので、欧米企業との比較では意味がないと考える日本企業の方にとっては役に立たないかもしれません。この点については、今後、より多くの日本企業にＡｐｐｔｉｏを利用してもらい、提供の許可を受けたデータを取り込み、ベンチマークの比較対象先データとして活用できるようにしたいと考えています。

ユニットコスト

ユニットコストは、一単位当たりのアウトプットに対するＩＴコストで、ＩＴコストの妥当性を測るために利用します。アウトプットには利用率やパフォーマンスが使われます。

例えばアプリケーションＡのコストがＴＢＭタクソノミーで管理されていたとします。このアプリケーションＡのコストはタワーにあるオブジェクトに分解でき、コストプールにあるオブジェクトにも分解することができます。このアプリケーションＡの利用状況は、そのトランザクション数を使って測っていたとします。またパフォーマンスは契約件数を使って測っていたとします。それぞれのデータもＴＢＭタクソノミーで管理しているとします。この状態が作られていると、トランザクション当たりのコストも、契約当たりのコストも算出することができます。これらをユニットコストと呼びます。

このとき、利用状況に着目した場合のユニットコストは、「一トランザクション当たりのアプリケーションＡのコスト」になり、パフォーマンスに着目した場合は「一契約当たりのアプリケーションＡのコスト」になります。アプリケーションＡはタワーに分解でき、このときアプリケーションＡを構成するタワーの『ストレージ』のコストもわかりますので、「一トランザクション当たりの『ストレージ』のコスト」の算出が可能となります。同様にコストプールの「外部人件費」のコストもわかり、「一契約当たりの『外部人件費』のコスト」の算出も可能となります。

このユニットコストを使って、あまり利用されていなかったり、パフォーマンスが出ていないアプリケーションの合理化を進め、コストの最適化を実現します。組織における多くのアプリケーションやＩＴサービスの合理化対象を決める際にこのユニットコストを用いることができます。また対象となるアプリケーションを見つけた後、合理化について、利用しているビジネス部門を納得させる必要がありますが、その際にもユニットコストを用いることが有効です。ユニットコストが提示するデータに基づいて、利用されていないアプリケーションやパフォーマンスが出ていない状態を説明し、合意の上で合理化を行ないます。このような説明を試みてもビジネス部門が合意しない場合がありますが、その際は、後述の「課金の仕組み」の導入を検討してもよいでしょう。

ユニットコストはコストの妥当性を説明する際にも利用されます。アプリケーションによっては利用人数が増えていることが原因で、コストが増加するものもあります。この場合、利用者一人当たりのコストに変化がないのであれば、このアプリケーションは合理化対象になりません。利用状況が伸びているので、むしろ投資対象となるかもしれません。このように利用状況やパフォーマンスの指標を使いながら、組織にあるアプリケーションのコスト妥当性を把握し、適切に合理化を進めることができます。

ここで、利用状況やパフォーマンスのデータをどのように取得するかという疑問があるかと思います。これはアプリケーションごとに、何をもって利用状況を測るかについて定義する必要があり、その定義されたデータを取得していくことが必要になります。

利用状況についてはアプリケーションによって測る単位が異なります。ポータルサイトであれば、そのサイトへのアクセス件数を利用状況と定義してもよく、ＣＲＭのシステムであれば登録されているユーザー数でもよいかもしれません。

パフォーマンスについては、売上や利益に直結するアプリケーションでは、売上高や利益額をパフォーマンスとして定義します。売上や利益に間接的に関係する場合は、ビジネスプロセスの中で、売上や利益につながる適切な指標を選択し、パフォーマンスとして定義することができます。例えばECサイトであれば、サイトのコンバージョンレートをパフォーマンスとして定義します。

一方で、売上や利益に直接的にも間接的にもつながらないアプリケーションもあります。セキュリティや会計のアプリケーションなどはパフォーマンスの定義が難しくなります。この場合は利用状況とコストを使ったユニットコストを算出し、その数値を経年で継続的にステークホルダーに提示していくことで、無駄な投資を避ける努力を行っていることを証明できます。

余剰リソースの削減

余剰リソースの削減は主にインフラに適用されます。2015年のスタンフォード大学の調査（Koomey, Jonathan, and Jon Taylor. “New Data Supports Finding That 30 Percent of Servers Are ‘Comatose,’ Indicating That Nearly a Third of Capital in Enterprise Data Centers Is Wasted.” Rep. 3 June 2015. Web.）では、世界の30%のサーバーは、電源が入っているが使われていないと発表されており、当時、約一千万台のサーバーがそのような状態にあったことを表しています。

2015年からパブリッククラウドの利用が進んでいるものの、現在でもサーバーやストレージについて、持っているリソースの15％しか使っていない企業も存在します。ＴＢＭを採用されている企業では、インフラのコストと利用状況のデータを見ながら、1万４８０５台のサーバーを廃棄し、年間４億３千万円のコスト圧縮を実現した事例があります。また、インフラをアウトソースしていたある企業は、あまり重要でないアプリケーションやデータに対して高価なストレージが割り当てられていることを突き止め、割当先を変えてもらうことで、３年間で2億９千万円のコスト削減を実現しました。

データセンターを含めてインフラをアウトソースしている企業であれば、利用状況も、支払っている金額についてもデータは持っているはずです。そのデータをＴＢＭタクソノミーで分類し可視化を行なうことで、余剰なリソースを発見し、コストの最適化につなげられます。

プロジェクトコストの管理

プロジェクトのコストはＩＴ総支出の約20％を占めると言われています。大規模な組織になると、新規プロジェクトと既存システム改修を合わせて数百のプロジェクトが動いています。そうしたプロジェクトで生み出される資産は、サービスインのタイミングから償却が始まり、償却された費用はＯｐＥｘとして計上されます。

世の中には多くのプロジェクトマネジメントツールがありますが、プロジェクト自体の進捗やプロジェクトにかかる予算の消費状況の管理がほとんどで、サービスイン後にかかってくる償却費などのファイナンスマネジメントは行なっていません。また、ビジネス部門もプロジェクトには参画しますが、完成したアプリケーションがサービスインしたあとの費用についてはあまり関心を持ちません。

そのため、ＩＴ部門はプロジェクトから発生する将来の固定費を可視化しておき、そのデータをビジネス部門に提示し、ビジネス部門からの不要なシステム化のリクエストを防ぐことが重要です。例えば、アプリケーションの特性に合わないリッチなインフラ構成のリクエストや、必須でない機能開発などについては、そこから発生する将来固定費を提示し、プロジェクトの最適化を行なう必要があります。将来かかる固定費を提示してもビジネス部門からの過度な要求を防ぐことが難しい場合は、課金の仕組みの導入を検討してもよいかもしれません。

ここまで、ベンチマーク、ユニットコスト、余剰リソースの削減、プロジェクトコストの管理という、ＴＢＭにおけるコスト最適化の方法を説明しました。この方法をＩＴファイナンスの実務上のプロセスに適用すると次のようになります。

インフラ・ベンダー支出の最適化

インフラ支出の最適化については、ベンチマークの方法を用いる場合、例えば自社のＵＮＩＸやネットワークにかかっているコストをベンチマークデータと比較することでコスト削減余地の把握ができます。ユニットコストの方法を用いるのであれば、インフラの利用率データとコストを比較することで、余剰インフラリソースを最適化できます。そのインフラがどのアプリケーションに紐づいているかの関係性を見ながら、重要度の低いアプリケーションにリッチなインフラが割り当てられているのであれば、割当先を変えることでコスト低減が図れます。プロジェクトコスト管理の方法を用いるのであれば、プロジェクトを申請してきた部門に対して、購入予定のインフラから発生する減価償却費（将来固定費）を提示することで、新規にインフラを購入するのではなく、既存インフラの間借りを選択するかもしれません。

ベンダー支出の最適化についても、ベンチマークやユニットコストの方法を用いて具体的なアクションをとります。ベンダーごとの仕事内容と金額の関係を可視化しておくことで、同様の仕事をしているベンダーごとの金額を並べて比較し、最もコスト競争力のあるベンダーに仕事を集中させることでコスト低減を図ります。これをグループ各社での比較などに範囲を広げることで効果が広がります。

アプリケーション・コストと利用状況の把握

組織に存在するアプリケーションやＩＴサービスのコストと利用状況を把握します。ここでの課題は、アプリケーションやＩＴサービスの利用状況を測る指標が定義されていないことや、定義されていたとしても、定義されたデータが収集されていないことです。また、データが収集されていたとしても大変な労力がかかってしまうことです。これらの課題に対しては、システムを準備し、定常的かつ自動的にそのようなデータを収集することが重要です。

ＴＢＭではこのアプリケーションやＩＴサービスのコスト、利用状況がデータとしてＴＢＭタクソノミー（136ページ）で分類され管理されています。そのため、アプリケーションやＩＴサービスのコストもインフラごと、リソースごとに分解が可能です。当該アプリケーションやＩＴサービスの利用状況とインフラコストの関係も見ることができ、リソースコストとの関係も把握することができます。ここにおいて、ユニットコストの方法を用いて利用されていないリソースの特定、インフラの特定、利用されていないＩＴサービスの特定が可能となります。このような状況について、データを用いてビジネス部門と会話をしながら、次に説明をするアプリケーションの最適化でコスト削減を行ないます。

アプリケーションやＩＴサービスはプロジェクトを通して開発されますが、サービスインのタイミングから償却が始まり、運用保守がスタートします。これらは将来にわたって継続してかかる費用です。この費用をプロジェクト申請が承認される前に提示をすることで、やみくもなアプリケーションやＩＴサービスの開発を止めることができます。

一方、プロジェクト申請の段階では申請部門は期待されるリターンについて記載しています。しかしながら、これらのリターンは、プロジェクトで開発されたアプリケーションやＩＴサービスがサービスインした後には無視されがちで、そのリターンについてのデータは管理されていません。本来、プロジェクト申請時にはプロジェクト費用とリターンだけでなく、将来固定費も提示をするべきで、プロジェクト終了時には固定費の管理だけでなく、リターンについても定常的にデータを取得し管理をしていくべきです。

アプリケーションの最適化

アプリケーションの最適化についてもいくつかの方法があります。大きな企業では、そもそもどのようなアプリケーションがいくつ存在しているかについて、把握できていないケースがあります。どのようなアプリケーションが存在するかを可視化するだけで、冗長なアプリケーションを特定し、最適化できます。利用状況とコストの関係が可視化されているのであれば、利用されていないアプリケーションを廃棄することで最適化できます。利用されていないからといって簡単に捨てられないアプリケーションであれば、構成するインフラのグレードを落とし、最適化を行ないます。もちろんインフラだけでなく、そのアプリケーションに紐づくその他の費用のグレードを下げることでも最適化できます。これまではアプリケーションのコストと利用状況の関係をベースに最適化のやり方をご紹介しましたが、もしアプリケーションごとにリターンのデータを取っているのであれば、アプリケーションのコストとリターンの関係をベースに同様の最適化を行なえます。

Column
コラム

Apptioの代表的なコスト最適化シナリオ

Apptioでは、1800社以上の採用企業の知見から、「コスト最適化」について、より具体的なシナリオを保有しています。グローバルで人気のある代表的なシナリオ7つを紹介します。

1 戦略的ベンダーへのシフト

・ベンダーを価格交渉済み戦略的ベンダーに切り替える
・ベンダーごと取引量の把握からベストレートの交渉

2 アプリケーションの合理化

・重複したアプリケーションの統合によるコストの最適化
・ライフサイクルと目的を考慮したアプリケーションコストの監視と管理

3 クラウドによるサーバー適正化

・ニーズに応じたクラウドインフラの構築と拡張によるコストの適正化

4 高額なストレージの特定・移行

・より安価なストレージへのシフト
・過大なストレージの再配置

5　重要でないアプリケーションが稼働するサーバーの合理化

・重要でないアプリケーションが使用しているサーバーを特定し、削減または仮想化

6　エンドユーザーデバイスの最適化

・エンドユーザーの必要性に基づいたリース、購買へのシフト
・企業データ喪失のリスク削減

7　マルチサービスプロバイダーの活用

・低コストのマルチサービスプロバイダーの活用

規律④「関係性改善」

ここからはTBMフレームワークの４つ目の規律である「関係性改善」について説明します。２０１４年のマッキンゼーの調査（Agarwal, Himanshu, Leandro Santos, and Irina Starikova. "Managing the Demand for IT Infrastructure." McKinsey & Company, Apr. 2014. Web）によると、ＩＴ部門とビジネス部門間の透明性と要求の関係において、ＩＴコストについての透明性を高めることで、インフラのコスト効率が3年間で15％～20％向上し、プロジェクト投資効率は10％～15％改善することが確認されています。これは可視化されたデータをビジネス部門に提示することで、組織全体のＩＴコスト効率が上がることを意味します。

「社内で利用するアプリケーションやＩＴサービスは無償」と考えているビジネス部門の方は、アプリケーションやＩＴサービスに対するコスト意識が希薄です。そのような方に、利用しているアプリケーションのコストを提示することで（ショーバック）、コスト意識をもってもらい、コスト最適化に対して共に取り組んでもらえる場合もありますが、データを見せるだけでは変わらない人もいます。この場合、ＴＢＭでは実際の課金を行ないます（チャージバック）。同じ組織内の場合は、管理会計上の課金を行ない、ビジネス部門が持っているＰ／Ｌの費用項目にＩＴコストを計上してもらうことになります。大きなグループにおいては、情報シ

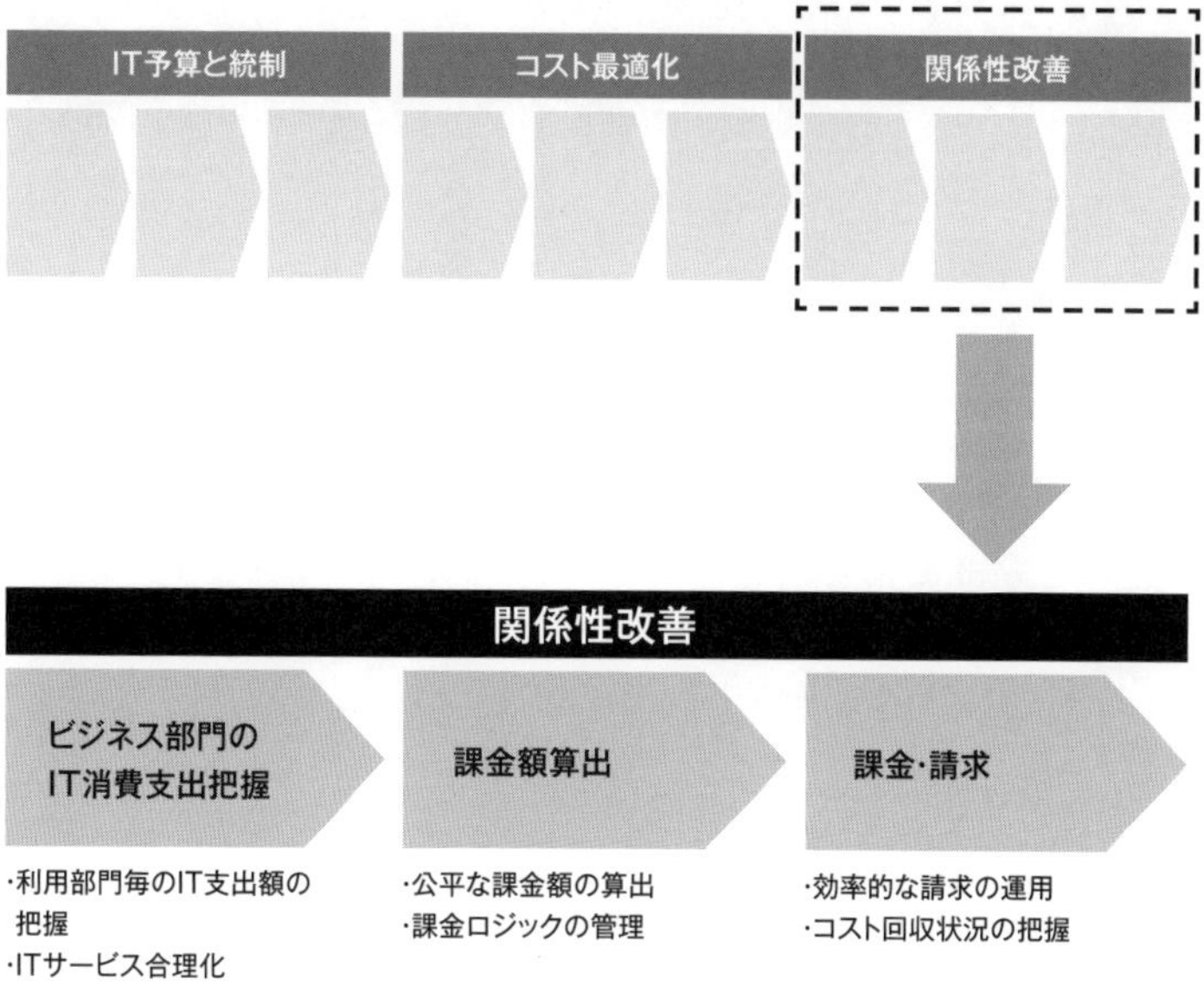

図4-8　規律④「関係性改善」

ステム子会社がＩＴサービスを他のグループ会社に提供し、利用料金を請求して、実際にお金のやりとりしている会社も多くあります。

この課金の仕組みの運用について、ＴＢＭでは４つのポイントを提示しています。

「変動費率の高いサービスの準備」
「選択できるサービスカタログの準備」
「公平な課金額の設定」
「効率的な課金運用」

それぞれポイントを説明しますが、ＩＴ部門がビジネス部門に対して、ＩＴサービスを販売しているという前提で考えてもらえればわかりやすいと思います。

一つ目のポイントは、**「変動費率の高いサービスの準備」**です。利用量に応じて課金額が変わるＩＴサービスは、ビジネス部門にとってフェアなものとなります。変動費率が高ければ、利用を増減させることで、課金額を変えることができます。ビジネス部門の本業の調子が悪い時には、ＩＴサービスの利用量を減らすことで、ＩＴ費用を減らし、ビジネス部門の利益を増やせます。

ＩＴサービスの課金額が利用量から決定されるという関係において、このＩＴサービスの原価がすべて固定費で構成されたものであればどうなるでしょうか？　もちろんビジネス部門には影響がありません。利用量を減らせば課金額も減らせます。しかし、ＩＴサービスの原価がすべて固定費の場合、ビジネス部門の利用量が減ったことで、課金額が減り、収入が減りますが、原価は固定で変わりません。そうなるとＩＴ部門の利益が圧迫され、困ることになります。

では、ＩＴサービスの原価がすべて変動費であればどうでしょうか？　ＩＴ部門も利用量に応じて原価を低減させることができますので、たとえビジネス部門の利用量が減っても利益が圧迫されることはありません。ＩＴサービスにはサービスを管理する人件費もかかっていますので、すべてを変動費化することはできませんが、ＩＴサービス原価の変動費率を上げることでメリットを享受できます。ＴＢＭタクソノミーではアプリケーションやＩＴサービスにかかるコストを、変動費と固定費に分類することができます。固定比率の高いアプリケーションやＩＴサービスを特定し、パブリッククラウドへの移行を選択することも考えられます。

二つ目のポイントは、**「選択できるサービスカタログの準備」**です。すべてのビジネス部門で共通で使われるＩＴサービスもあれば、特定のビジネス部門でのみ利用されるものもあります。もし、全く利用しないＩＴサービスのコストまで課金されるビジネス部門があるとすれば、いくらＩＴサービスのコスト透明性を提示したところで、そのビジネス部門とＩＴ部門の関係性が改善されることはありません。ＩＴ部門はビジネス部門が選択できるサービスカタログを準備することが重要になります。

三つ目のポイントは、**「公平な課金額の設定」**です。ＩＴサービスによっては、ビジネス部門に対して予め決まった金額を課金することがあります。例えば共通でかかるネットワーク費用などは、ビジネス部門の規模（人数など）に応じて、予め金額を決め、「課金額」としてビジネス部門に課金をします。一方でパソコンなどのデバイス費用は一台当たりの「課金単価」を決め、「課金単価」に利用台数を掛けて課金します。つまり利用量にそれほど左右されないＩＴサービスであれば「定額課金」とし、利用量に左右されるＩＴサービスは「従量課金」とします。

利用量を正確に把握するのが困難なＩＴサービスには「定額課金」が適用されることが多いですが、公平な課金額とするためには、課金額を決定するロジックをビジネス部門に納得してもらう必要があります。同じグループにおいて、ネットワーク費用について売上高を基準に課金額を決定したとします。この場合、売上の高い企業Ａには多く課金され、売上の少ない企業Ｂには課金額が少なくなります。しかし、企業Ａも企業Ｂもネットワークを利用する人数が変わらない場合、企業Ａからクレームが出る可能性があります。このような場合は、課金額決定のロジックを説明し、売上高ではなく人数比で課金額を決定することに変更することで公平性を保てます。

一方、定額課金ＩＴサービスの「課金額」や、従量課金ＩＴサービスの「課金単価」の設定には、いくつか方法があります。ＩＴサービスに対する予算が確定した段階で、「予算」をベースとして設定することも、ＩＴサービスの「原価」をベースとして設定することもあります。また、ＩＴサービスの原価に利益を乗せた、「売価」をベースとして設定することもあります。どれをベースにしたとしても、「課金額」や「課金単価」についてはビジネス部門から説明を求められることがあり、納得してもらわないと関係性の改善にはつながりません。

予算をベースとして課金額を決定した場合、ＩＴサービスごとの予算金額と、課金額を決定した課金ロジックの説明が求められます。原価をベースとしたならば、ＩＴサービスごとの原価と課金ロジックを提示しなければなりません。また、課金単価の説明を求められたのであれば、課金単価の設定ロジックについて説明をすることが重要になります。

ＴＢＭタクソノミーにより、アプリケーションやＩＴサービスの原価を管理していきますが、利益を乗せた売価の管理も行なうことができます。後述する「ＴＢＭシステム」（１７２ページ）では、配賦ロジックの決定と管理を行なっていますので、組織にあるＩＴサービスについて一元的に管理を行ないながら関係性改善をサポートできます。

四つ目のポイントは、**「効率的な課金運用」**になります。課金のオペレーションは非常に負荷がかかります。準備段階では、ＩＴサービスをカタログ化し、ＩＴサービスごとに定額サービスか従量サービスかを分けて管理しなければなりません。また、ＩＴサービスそれぞれにかかる予算、原価、売価も管理しておく必要があります。課金額を決定したロジックもＩＴサービスごとに管理されていなければなりません。ビジネス部門へ請求する段階になれば、定額制のＩＴサービスであれば定額の請求金額を、従量制のＩＴサービスであれば、その利用量と単価を明らかにした上で、請求金額を提示しなければなりません。

予算ベースで配賦を行なっている組織であれば、年に一度の作業ですが、それなりの負荷になります。四半期に一度や月次ベースでグループ会社に請求を行なっている組織であれば、課金運用は膨大な作業負荷になります。課金額についてビジネス部門から問い合わせが来れば、その説明もしなければなりません。これらをスプレッドシートで運用していると、エラーが発生する可能性も高まります。ＴＢＭシステムでは、予算のデータや支払いのデータなどをＴＢＭタクソノミーへ自動的に取り込み、予め決定・管理された課金額決定のロジックを使って請求額を算出します。ＴＢＭタクソノミーによりＩＴサービスごとの原価、売価、利用状況、課金額を管理しているので、一連の課金運用にかかる作業負荷を大幅に軽減させることができます。

これらのポイントをＩＴファイナンスの実務上のプロセスに適用すると次のようになります。

ビジネス部門の利用状況把握

ビジネス部門が利用しているアプリケーションやＩＴサービスについて利用状況をまずは把握するのですが、その前にビジネス部門とＩＴ部門の間で、「利用」についての定義の合意が必要になります。「利用」はビジネス部門に所属する社員数なのか、デバイス数なのか、アプリケーションやＩＴサービスのトランザクション数なのか、アプリケーションやＩＴサービスごとに「利用」についての定義の合意が必要です。共通のセキュリティシステムなどは明確な利用状況などはわかりません。このようなシステムについての「利用」は社員数とするなど、一定の定義が事前に必要になります。その上で、その利用量をアプリケーションやＩＴサービスごとに定常的に管理します。

課金額の算出

ビジネス部門への課金額は、アプリケーションやＩＴサービスの性質によって、単価×利用量というボトムアップで決定する場合もあれば、「ある金額の塊」をビジネス部門に割り当てるというトップダウンで決定する場合もあります。どちらの場合でも必要になるのは、算出された課金額の根拠です。

ボトムアップで決定された場合、前項で説明した利用量についてはアプリケーションやＩＴサービスごとに「利用」が定義されている前提で、単価の算出根拠を明示する必要があります。この単価の算出根拠の出発点は当該アプリケーションやＩＴサービスの「原価」、つまりコストです。アプリケーションやＩＴサービスごとに、このコストがデータとして正しく説明できる状態にしておく必要があります。「原価」に何％かの利ザヤを乗せて「売価」を単価とすることもできますが、「原価」を説明できないとビジネス部門から不信感を抱かれることになり、良好な関係性を築けません。

トップダウンの場合は「ある金額の塊」についての算出根拠を明示する必要がありますが、この場合も「原価」が出発点になります。この「原価」は実際にかかった費用を適用するのか、過去の「原価」を参考に適用するのかは企業の運用によります。課金額を決めるだけであれば簡単ですが、ビジネス部門とＩＴ部門との間で良好な関係性を保つためには、ビジネス部門に課金額の算出根拠を明示し、継続的に納得感を提供する必要があります。

課金・請求

本来の目的であるビジネス部門の関係性改善を達成するための課金・請求を運用していくためには、アプリケーションやＩＴサービスの「利用」の定義、課金額の算出、算出根拠の管理、算出根拠に紐づく「原価」の管理が必須になります。この部分が疎かになっていると、ビジネス部門からの課金額に対する問い合わせに満足に対応できず、ビジネス部門との関係性改善につなげることができません。またこの課金・請求業務は、企業によりますが、年に4回や月に1回のペースで行なうこともあります。当たり前ですが、課金額には再現性が必要であり、ビジネス部門に対する納得感の提供も必要です。これは人手ではできないのでシステム化が求められます。スプレッドシートを使って運用することもできますが、属人的な作業になることを避け、効率的な運用が維持されるものでなければなりません。いずれにせよ、ビジネス部門との関係性改善を目的とし、ビジネス部門に対する納得感をもった課金額を算出・提示し、効率的な運用を行なう必要があります。

第5章

TBMタクソノミー

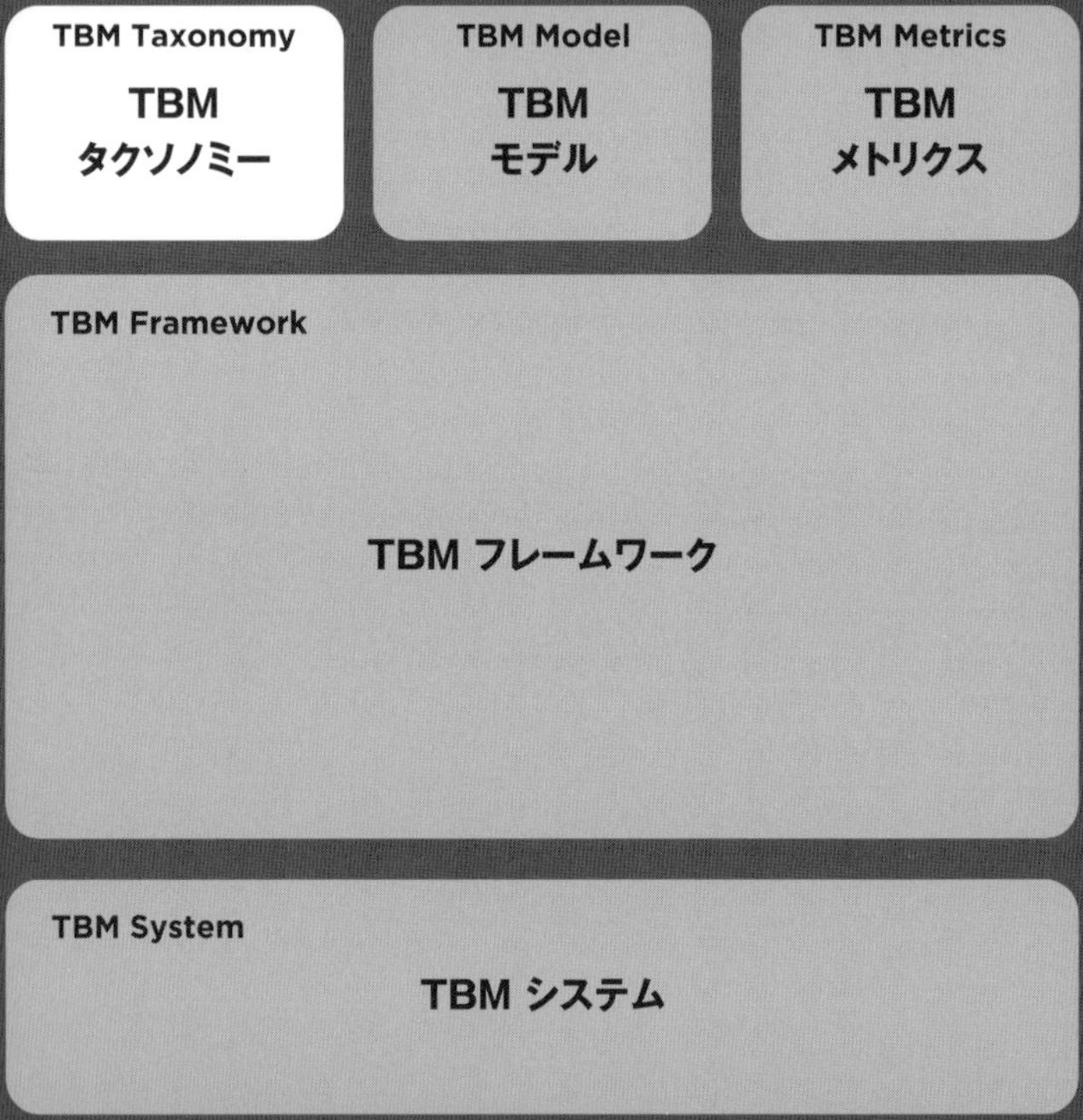

ＴＢＭタクソノミーとは何か

ＴＢＭタクソノミーとは、ＴＢＭフレームワークにおいて後述するＴＢＭモデルと同様に前章で解説した規律①「可視化」（97ページ）を実現するツールです。ＴＢＭタクソノミーは次の４つのレイヤーで構成される予め定義されたＩＴファイナンス可視化モデルです。

- **コストプール**
- **タワー**
- **ソリューション**（アプリケーション、プロダクト、サービス）
- **利用部門**（ビジネスユニット、ビジネスアーキテクチャ、カスタマー＆パートナー）

タクソノミー（taxonomy）とは学術用語で「分類」の意味で、ＴＢＭタクソノミーはＩＴファイナンスに関係する集められたデータを分類するための、定義された「一定の決まり」になります。ＴＢＭタクソノミーは、ＩＴ部門、ビジネス部門、ファイナンス部門の間で、納得感と透明性を確保し、テクノロジーの経営資源（ヒト・モノ・カネ）と投資ニーズを３６０度の視座で統合的にマネジメントするためのＩＴ投資・資産の標準的な分類法を提供します。従来、組織ごとに定義していたＩＴ投資・資産の分類をグローバルのベストプラクティスとして統一する野心的な試みと言えるでしょう。

この「一定の決まり」は、現在、ＴＢＭカウンシルが発行している47ページにわたるホワイトペーパー（第四版 https://www.tbmcouncil.org/learn-tbm/tbm-taxonomy/）に記載されています。それぞれのレイヤーが意味していることや各レイヤーにあるオブジェクトに取り込むべきデータ、またレイヤー間のつながりやオブジェクト同士のつながりなどについて定義されています。データは一番下のレイヤーであるコストプールから上位レイヤーに渡されていきます。

コストプールは、その名の通りＩＴコストを分類し、ファイナンス部門が理解しやすいかたちでＩＴコストを表現するレイヤーです。タワーとソリューションは、ＩＴ部門が管理するＩＴインフラやアプリケーションの領域の表現で、コストプールからのデータによりそれぞれのコストを理解します。この時点でいわゆるアプリケーション、ＩＴサービスごとのＴＣＯ（総所有コスト）が把握できます。最後のレイヤーは利用部門での視点となり、利用しているアプリケーションやサービスの利用状況、コスト、パフォーマンスを把握します。

ＴＢＭタクソノミーは、テクノロジー用語とビジネス用語（特に管理会計の観点）を４つのレイヤーで正規化することで、ＩＴ部門、ビジネス部門、ファイナンス部門それぞれが見たい視点、理解できる視点を提供するとともに、全部門をつなぐ共通言語となります。企業が財務報告の標準的な手法として、会計原則（ＧＡＡＰ）や国際財務報告基準（ＩＦＲＳ）を利用し、期間や異なる組織間の財務諸表の比較可能性を高めるのと同様に、ＴＢＭタクソノミーはＩＴコストやその他の指標を分類・報告する一般的に認められる方法を提供します。こうしたことで、ＩＴ部門の立ち位置、ＩＴ投資の現状を、会計年度間や地域間、同業他社、またパブリッククラウドやＳａａＳなどの外部ソリューションと客観的に比較することができ、コスト削減などの継続的な改善活動につなげることが可能となります。

テクノロジーの進化につれてＩＴ部門経営のあり方が変わり、ＩＴファイナンスマネジメントも変化し、あるべき可視化モデルも変わっていくため、ＴＢＭタクソノミーのオブジェクトが増えたり、オブジェクトで管理するデータの定義を変える必要性が生じたりすることで、「一定の決まり」はアップデートされてきました。数年に一度のアップデートはＴＢＭカウンシルで合議の上、決定されます。直近ではクラウドサービスについて、パブリッククラウドとＳａａＳの管理が議論となり、それぞれのデータをどのレイヤー、どのオブジェクトで管理すべきかが決定され、アップデートされました。

このＴＢＭタクソノミーのホワイトペーパーをベースとして、自社のＩＴファイナンス可視化モデルを作ることができます。この作られたモデルを「ＴＢＭモデル」（１５４ページ）と呼びます。組織によっては分類や配賦について独自の意向を持っているケースがあり、その意向に合わせて配賦を行なうことが必要となってきます。こうした場合はホワイトペーパーを参照し、独自のＴＢＭモデルを作ります。

ＴＢＭタクソノミーを参考にしながら、ＩＴファイナンス可視化モデルを作り上げる中で、取り込まれるデータは大きく5種類になります。順番に解説していきます。

ファイナンスに関するデータ
インフラストラクチャーに関するデータ
アプリケーションに関するデータ
プロジェクトに関するデータ
ビジネス部門に関するデータ

ファイナンスに関するデータ

総勘定元帳や固定資産、購買管理、ＩＴ予算、給与、社員のタイムシート、クラウドベンダーからの請求書などのデータです。各種ＥＲＰ、経費精算システム、固定資産システムで管理されており、企業の中にはスプレッドシートで管理している場合もあります。

インフラストラクチャーに関するデータ

インフラストラクチャーの利用を整理した構成情報や、サーバーやストレージ、ネットワーク機器の利用率など、利用状況に関するデータです。これらのデータは、ＳｅｒｖｉｃｅＮｏｗ社のＩＴＯＭなどのＩＴオペレーションマネジメントのツールで管理されているケースもあれば、スプレッドシートで管理されているケースもあります。インフラストラクチャーを外部ベンダーにアウトソースしている場合は、外部ベンダーから提供されるデータになります。

アプリケーションに関するデータ

組織にあるアプリケーションやＩＴサービス一覧、アプリケーションやＩＴサービスを構成するインフラストラクチャー一覧、アプリケーションやＩＴサービスの利用状況、ヘルプデスクチケットに関するデータです。これらのデータはＳｅｒｖｉｃｅＮｏｗ社のＩＴＳＭなどＩＴサービスマネジメントのツールで管理されているケースもあれば、スプレッドシートで管理されているケースもあります。

プロジェクトに関するデータ

プロジェクト一覧やプロジェクト予算額、プロジェクトの進行状況やプロジェクトにかかる実績支払額のデータです。これらのデータはＢｒｏａｄｃｏｍ社のClarity PPMやＳｅｒｖｉｃｅＮｏｗ社のStrategic Portfolio Managementなどのプロジェクトポートフォリオマネジメントツールで管理されているケースもあれば、スプレッドシートで管理されているケースもあります。

ビジネス部門に関するデータ

全社部門一覧やＩＴサービス利用部門一覧、ＩＴサービスの利用時に出力されるログイン情報、有効化されたライセンス数、ＩＴサービスの利用状況、プロジェクト申請時に定義されたリターンなどのデータです。認証マネジメントシステムや人事システム、プロジェクトマネジメントツールなどで管理されているケースもあれば、スプレッドシートで管理されているケースもあります。

こうしたデータを、ＴＢＭタクソノミーを参考にし、ＩＴファイナンスの可視化を行ないます。ＴＢＭタクソノミーは４つのレイヤーから構成され、それぞれのレイヤーにはオブジェクトが存在します。次に４つのレイヤーについて説明します。

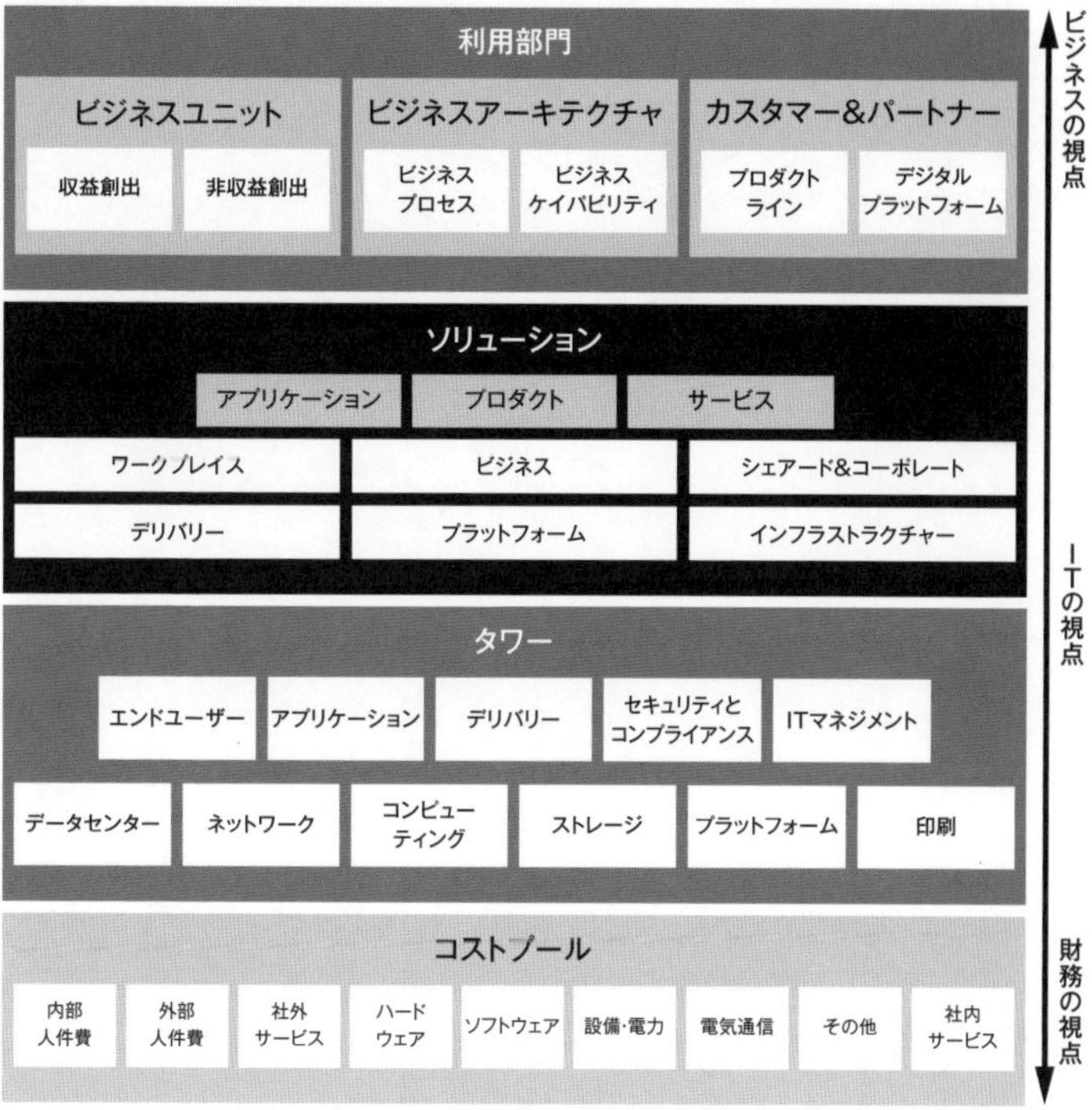

図5-1 TBMタクソノミー

レイヤー1　コストプール

取り込んだデータが最初に入るレイヤーはコストプールと呼ばれます。コストプールはＩＴリソースと読み替えることができます。取り込んだデータのうちファイナンスにかかるデータを、コストプールのレイヤーにあるオブジェクトに「分類」していきます。コストプールのレイヤーには9つのオブジェクトが存在し、オブジェクトによってはサブオブジェクトを持っています。延べ数は23個となります。コストプールのオブジェクトはＣＦＯやファイナンス部門にとってはなじみのある「勘定科目」に近い形でＩＴコストが表現されています。ＴＢＭでは、コストプールのレイヤーにあるオブジェクトを「コストプール」、オブジェクトが持つサブオブジェクトを「サブプール」と呼びます。コストプールのレイヤーにある「コストプール」と「サブプール」について説明します。

内部人件費

ＩＴサービスの提供やサポートに必要な内部人材のコスト。保守運用、サポートおよび管理活動を含む内部人件費が含まれます。サブプールはありませんが、ＯｐＥｘ（経費）とＣａｐＥｘ（資本）に分けて管理されます。

外部人件費

ＩＴサービスの提供やサポートに必要な外部人材のコスト。保守運用、サポートおよび管理活動を含む外部人件費が含まれます。サブプールはありませんが、ＯｐＥｘ（経費）とＣａｐＥｘ（資本）に分けて管理されます。

社外サービス

コンサルティングサービス、マネージドサービス、パブリッククラウドサービスなど、外部のサービスプロバイダーから購入したＩＴサービスが含まれます。社外サービスの具体例としては、マネージドネットワークサービス、エンドユーザーのバックアップ用クラウドストレージ、外部から提供されるＥメールサービスなどです。サブプールは「コンサルティングサービス」「マネージドサービス」「クラウドサービス」の3つがあり、ＯｐＥｘ（経費）とＣａｐＥｘ（資本）に分けて管理されます。

ハードウェア

不動産やオフィススペースを除く、すべての物理的なテクノロジー資産が含まれます。サーバー、ＰＣ、ストレージ、ネットワークアプライアンス、プリンタなどが挙げられます。例えば、ネットワーク・ファイアウォールのように、機器にソフトウェア（ファームウェア）が組み込まれている場合、ソフトウェアが別料金であっても、そのコストはハードウェアとして分類します。サブプールは「経費」「リース」「メンテナンスとサポート」「減価償却」の4つがあり、こちらもOpEx（経費）とCapEx（資本）に分けて管理されます。

ソフトウェア

オペレーティングシステム、ミドルウェア、データベース、システム管理・運営ツール、デスクトップアプリケーション、ユーティリティ、ビジネスアプリケーションなど、すべてのソフトウェアのライセンス料やメンテナンス料、サポート料が含まれます。

ソフトウェアのコストには、エンタープライズライセンスやインスタンスごとのライセンス、クライアントアクセスライセンス、メンテナンス／アップデートのコスト、カスタマイズのコストも含まれます。サブプールは「経費」「リース」「メンテナンスとサポート」「減価償却」の4つがあり、OpEx（経費）とCapEx（資本）に分けて管理されます。

設備・電力

床面積に加え、電力、冷却、その他の光熱費、環境制御（火災防止）、配電、ラックインフラ、社外サービス、データセンター環境の管理に関連する人件費などです。サブプールは「経費」「リース」「メンテナンスとサポート」「減価償却」の4つがあり、こちらもOpEx（経費）とＣａｐＥｘ（資本）に分けて管理されます。

電気通信

専用線、国内・国際音声（モバイルを含む）、ＭＰＬＳ、ＩＳＰなどの通信料金が含まれます。通信費には、データセンター、事業所、インターネット、およびユーザーやサプライヤー、パートナー間でのデータ通信サービスを提供するための回線や関連する使用料が含まれます。サブプールは「経費」「リース」「メンテナンスとサポート」「減価償却」の４つがあり、ＯｐＥｘ（経費）とＣａｐＥｘ（資本）に分けて管理されます。

その他

雑費または非標準的な費用が含まれます。すべてＯｐＥｘ（経費）として管理されます。

社内サービス

他の社内シェアードサービスグループから受け取るその他の料金（例：人事部からのＨＲサービス料金）が含まれます。すべてＯｐＥｘ（経費）として管理されます。こちらはＴＢＭカウンシルで最近追加されたオブジェクトです。

レイヤー2　タワー

データがコストプールレイヤーへ分類された後、そのデータは二番目のタワーと呼ばれるレイヤーに展開されます。タワーはＩＴ部門が所掌しているインフラストラクチャーやテクノロジースタックと読み替えることができます。ここではコストプールレイヤーのオブジェクトに入っているＩＴコストが、「配賦」を通じてタワーにあるオブジェクトに入っていきます。タワーのレイヤーには11のオブジェクトが存在しますが、コストプールと同様、オブジェクトによってはサブオブジェクトを持ち、その延べ数は43個となります。タワーのレイヤーにあるオブジェクトを「タワー」、オブジェクトが持つサブオブジェクトを「サブタワー」と呼びます。「タワー」も「サブタワー」も、ＩＴ部門が所掌するテクノロジースタックであり、ＣＩＯやＩＴ部門は「どのテクノロジーにどれくらいのＩＴコストがかかっているか」をここで確認することができます。

データセンター

コンピューター機器を安全に収容するために作られた専用施設です。データセンターは、ラック／キャビネットやケーブル、クリーンな冗長電源、データ接続、温度・湿度・消火などの環境制御、また物理的セキュリティ、施設とそのインフラを管理・運用する人材が含まれます。

サブタワーは、「エンタープライズデータセンター」「その他収容設備」の2つ。

ネットワーク

システムと人をつなぎ、人が会話できるようにするためのデータ・音声機器とその伝送方法です。企業データセンター内のコア接続、オフィスビル内や遠隔地との接続・アクセスするためのものを含みます。サブタワーは、「LAN／WAN」「音声」「トランスポート」の3つ。

コンピューティング

一般・特殊用途の装置およびソフトウェアで、一連の算術や論理演算を実行するようにプログラムされているもの。アプリケーションやユーザーのリクエストを処理するための「頭脳」を提供するものになります。コンピーティングには、プラットフォームとオペレーティングシステムによって区別された、幅広い物理サーバーと仮想サーバーが含まれます。コンピューティングタワーには、ハードウェア、ソフトウェア、人件費、社外サービス費などの直接費用が含まれている必要があります。サブタワーは、「サーバー（Windows／Linux）」「UNIX」「ミッドレンジ」「コンバージドインフラストラクチャー」「メインフレーム」「ハイパフォーマンスコンピューティング（HPC）」の6つ。

ストレージ

アプリケーションプログラムやコード、データベース、ファイル、メディア、電子メールなど、さまざまな情報を一元的に保管するためのデータストレージ。一般的なサーバー構成やラップトップ、デスクトップ、携帯電話、タブレットなどのエンドユーザーデバイスに含まれる内部ストレージは除きます。サブタワーは、「オンラインストレージ」「オフラインストレージ」「メインフレームオンラインストレージ」「メインフレームオフラインストレージ」の４つ。

プラットフォーム

分散型、メインフレーム型のデータベースやミドルウェアシステムのほか、ＤＢＭＳのソフトウェアやツール、人件費、社外サービスなども含みます。サブタワーは、「データベース」「ミドルウェア」「メインフレームデータベース」「メインフレームミドルウェア」「コンテナ」「ビッグデータ」の６つ。

印刷

請求書、小切手、製品資料、その他カスタマーサポート資料を大量に印刷する集中印刷サービスです。印刷後の処理（折りたたみ、梱包、郵送等）も含まれます。サブタワーはありません。

エンドユーザー

エンドユーザーには、エンドユーザーコンピューティングデバイスとエンドユーザーへのサポートが含まれます。企業のためのエンドユーザーコンピューティングデバイスの構築、管理、運用、およびエンドユーザーへの集中サポートの提供のためのコストなどです。サブタワーは、「ワークスペース」「モバイルデバイス」「エンドユーザーソフトウェア」「ネットワークプリンター」「会議ＡＶ」「ＩＴヘルプデスク」「その他サポート」の７つ。

アプリケーション

ソフトウェア・アプリケーションの開発、テスト、リリース、サポート、運用、ライセンスなどです。サブタワーは、「アプリケーション開発」「アプリケーションサポート／運用」「ソフトウェア」の３つ。

デリバリー

ＩＴサービスマネジメント（ＩＴＳＭ）機能を含む、企業システムについての監視、サポート、マネジメント、ＩＴオペレーションです。サブタワーは、「ＩＴサービスマネジメント」「プログラム／プロジェクトマネジメント」「クライアントマネジメント」「オペレーションセンター」の４つ。

セキュリティとコンプライアンス

企業のセキュリティ、コンプライアンス、災害復旧態勢を定義、確立、実施、測定する機能についてのコストが含まれます。サブタワーは、「セキュリティ」「コンプライアンス」「災害復旧」の3つ。

ITマネジメント

企業のIT戦略、計画、管理についてのコストが含まれます。サブタワーは、「ITマネジメントと戦略計画」「エンタープライズアーキテクチャー」「ITファイナンス」「ITベンダーマネジメント」の4つ。

レイヤー3　ソリューション

タワーのレイヤーに取り込まれたデータは、今度は三番目の「ソリューション」と呼ばれるレイヤーに展開されます。ここではタワーレイヤーのオブジェクトに入っているITコストが、組織にある、それぞれのアプリケーション、プロダクト、ITサービスに「配賦」されていきます。この「配賦」により組織にあるアプリケーション、プロダクト、ITサービスのTCOが可視化されます。このレイヤーを見ることで、CIOやIT部門マネジャーは、「アプリケーション、プロダクト、ＩＴサービスのコストはどのくらいか」を把握することができるようになります。このソリューションのレイヤーにおいて、さらに階層を設けて管理するケースもあります。例えば、ビジネス部門に課金をするＩＴサービスが「親ＩＴサービス」と複数の「子ＩＴサービス」から構成されるケースがあり、親子双方のＩＴサービスを関連付けて管理することになります。

レイヤー4　利用部門

四番目のレイヤーは利用部門と呼ばれます。ここでは組織にある事業部門の情報が管理されるだけでなく、どの事業部門がどのアプリケーション、プロダクト、ＩＴサービスを利用しているかといった利用状況と、事業部門の売上や利益などのパフォーマンスに関する情報が管理されます。ソリューションレイヤーの情報と、この利用部門レイヤーは、「自部門がどのアプリケーション、プロダクト、ＩＴサービスをどれだけ利用していて、それぞれどれくらいのコストがかかっているか」を把握したいビジネス部門のリーダーにとって有益な情報を提供します。

第6章

TBMモデル

TBM Taxonomy
TBM タクソノミー
TBM Model
TBM モデル
TBM Metrics
TBM メトリクス
TBM Framework
TBM フレームワーク
TBM System
TBM システム

ＴＢＭモデルとは何か

ＴＢＭを活用して、ＩＴ投資を可視化し、３６０度の視座で評価していくためには、前述したＴＢＭタクソノミーの各レイヤーのオブジェクトにデータを分類していく必要があります。総勘定元帳などのファイナンスデータ、インフラストラクチャーに関するデータ、アプリケーションに関するデータ、プロジェクトに関するデータ、ビジネス部門に関するデータなどを分類し、配賦を行なうためのルールとロジックの塊が、ＴＢＭモデルになります。

ＴＢＭモデルを通じて、これらのデータはまずＴＢＭタクソノミーの一番下のレイヤーであるコストプール（１４４ページ）に分類されます。ＴＢＭモデルはＴＢＭタクソノミーの４つレイヤーをつなぐロジック（例：タワーからソリューション）を定義し、一番上のレイヤー、利用部門の視点までデータを連携させます。ＴＢＭタクソノミーが最終的な財務諸表であるとすれば、ＴＢＭモデルはその前提としての仕訳ルールを定めたものと言えるかもしれません。管理会計と同様に、組織によって分類や配賦に独自の要件を持っているので、最終的に構築されるＴＢＭモデルは、組織固有のものとなるケースが多いです。

ＴＢＭモデルを精緻に構築し、ＴＢＭタクソノミーに基づいて各種データを分類することで、コンピューティング、ストレージといった用語の定義を一致させることができ、関係者が理解できる共通言語が生まれます。ＣＩＯはＴＢＭタクソノミーで表現されたＩＴコスト構造をＴＢＭモデルによって詳細に説明することができるため、ＩＴ投資の信頼性と透明性を高めることが可能となります。また、ＩＴ部門、ファイナンス部門、ビジネス部門が共通言語によって対話できるため、テクノロジー投資から生み出される価値について、納得感を高め「関係性改善」を実現することも可能です。ＴＢＭタクソノミーとＴＢＭモデルが連動することで、はじめてＩＴ投資の可視化が可能となるため、両方をあわせて理解することが重要です。

ＴＢＭタクソノミーによりデータを分類する上でＴＢＭモデルは欠かせません。ＴＢＭタクソノミーの定義をベースとしますが、企業によってはＩＴコストの分類や配賦について、独自のロジックを持っています。これを活かすには独自の配賦ロジックをＴＢＭモデルに組み込む必要があります。

ＴＢＭモデルで求められるものは二つあります。一つ目は再現性です。入ってくるデータは予め決められたロジック通りに配賦されなければなりません。この再現性により、属人性の排除も可能となります。予算などを配賦する作業は多くの企業で特定の人間が担当しており、担

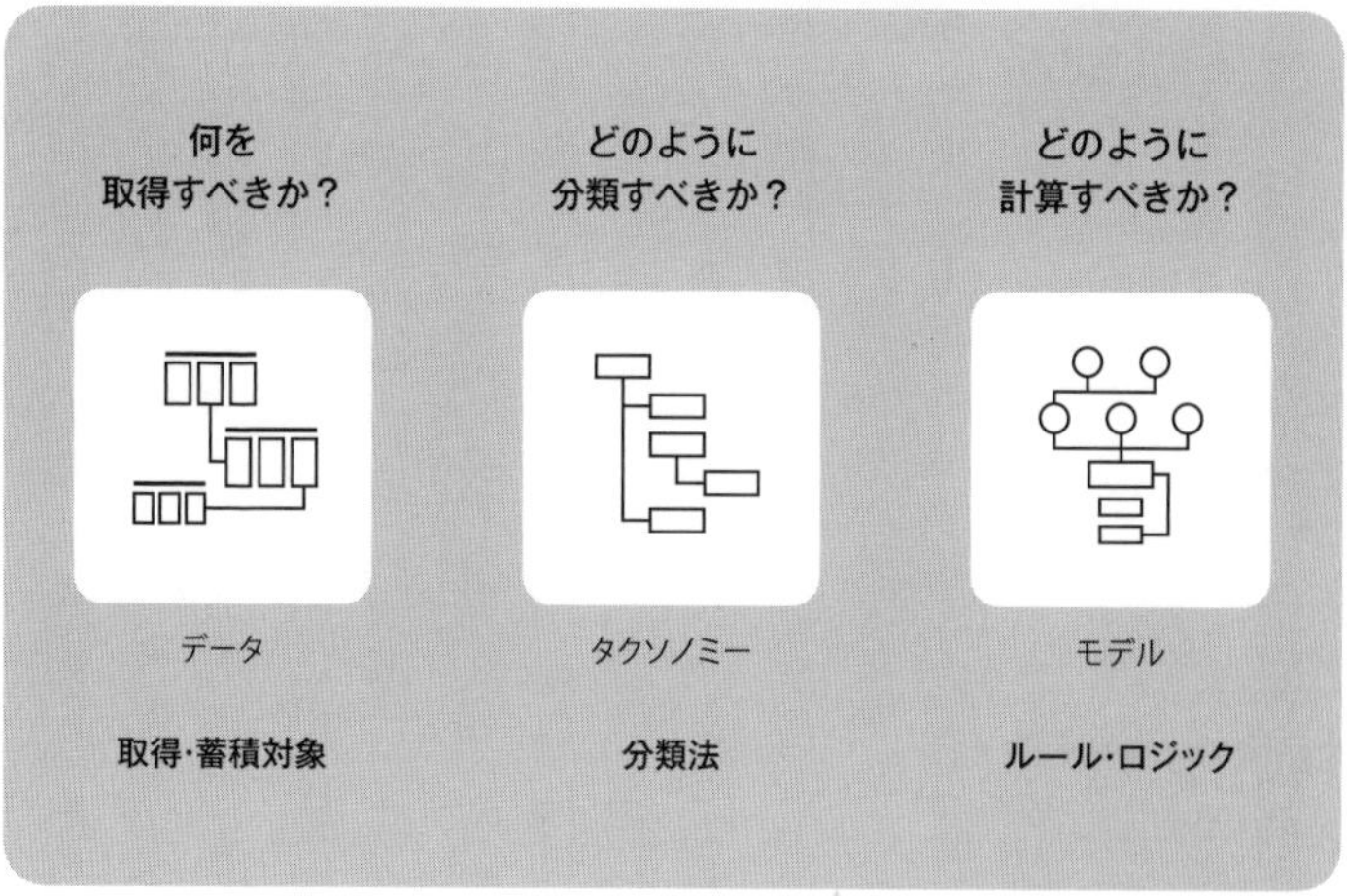

図6-1　データ、タクソノミー、モデルの関係性

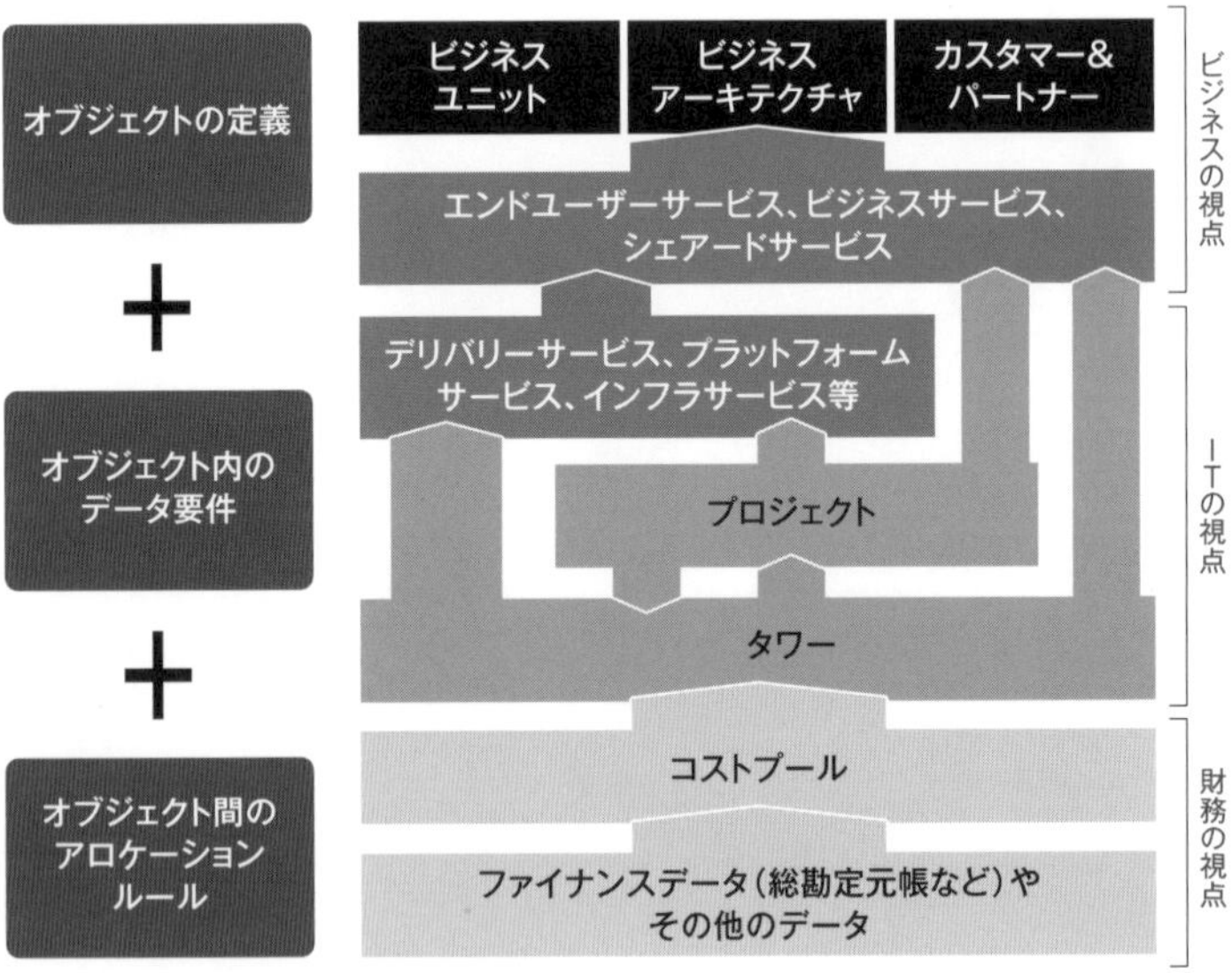
オブジェクトの定義
＋
オブジェクト内のデータ要件
＋
オブジェクト間のアロケーションルール
ビジネスユニット
ビジネスアーキテクチャ
カスタマー＆パートナー
エンドユーザーサービス、ビジネスサービス、シェアードサービス
デリバリーサービス、プラットフォームサービス、インフラサービス等
プロジェクト
タワー
コストプール
ファイナンスデータ（総勘定元帳など）やその他のデータ
ビジネスの視点
ITの視点
財務の視点

図6-2　TBMモデル

IT支出やIT予算を配賦した側（IT部門）は、配賦された側（ビジネス部門）から必ず問い合わせを受ける。

その際、配賦の根拠やロジックをわかりやすく伝えることがIT部門とビジネス部門の関係性改善につながる。

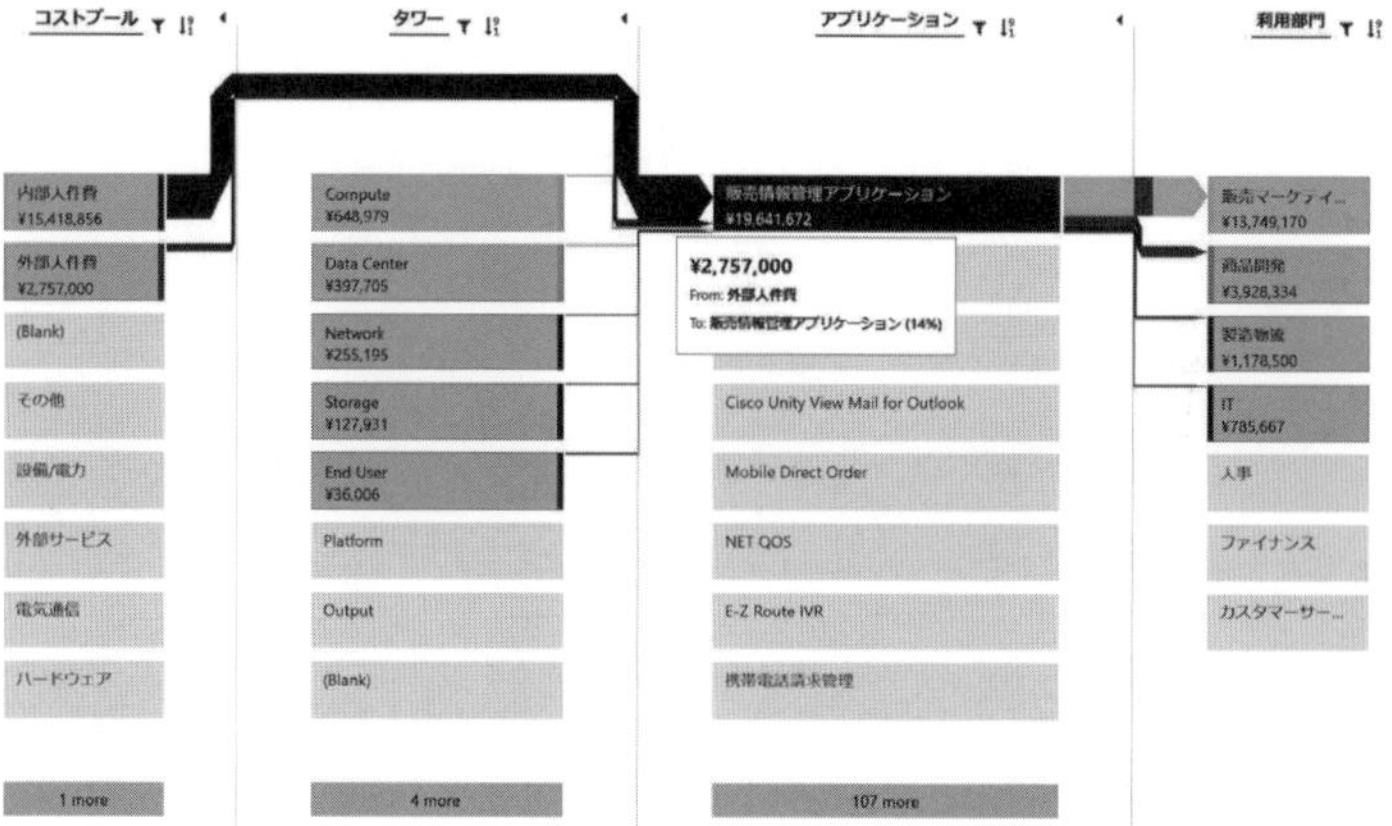

図6-3　Apptio上で表現されるTBMモデル

当者以外は触れられない状態を見受けますが、ＴＢＭモデルにより、担当不在でも再現性を維持することが可能です。二つ目は納得性です。あるコストを配賦される側は、配賦する側に説明を求めることがありますが、複雑なコードを見せても納得を得ることは困難です。この部分をおろそかにしてしまうと、ビジネス部門との「関係性改善」を実現することができません。ＴＢＭモデルによってビジュアルなどを使いながら、配賦ロジックについて説明し、納得感を得ることが重要です。

ＴＢＭモデルとＴＢＭタクソノミーの関係

ＴＢＭタクソノミーは１３６ページで紹介した通り、４つのレイヤーから構成されますが、各レイヤーの特徴や各レイヤーにあるオブジェクトにどのようにデータを分類すべきかホワイトペーパーで定義されています。ＴＢＭモデルは企業のデータを取り入れ、ＴＢＭタクソノミーを参考にしながら、必要に応じて企業の独自要件を取り込みながら、ＩＴファイナンス可視化モデルを作っていきます。基本的にはＴＢＭタクソノミーで定義されたモデルを推奨しています。

ＴＢＭタクソノミーのレイヤーのうち、コストプールのレイヤーは勘定科目をベースとしてＩＴコストを分類するため、ＣＦＯやファイナンス部門に親和性のある用語で表現されます。ＩＴタワーのレイヤーはインフラストラクチャーのコストを提示するため、ＣＩＯやＩＴ部門にとって、ＩＴコストを把握しやすい形式になっています。ソリューションのレイヤーは組織にあるＩＴサービスのＴＣＯが可視化されているため、ＣＩＯやＩＴ部門だけでなく、ＩＴサービスを利用しているビジネス部門に有益な情報を提供します。利用部門のレイヤーは、どの事業部門がどのＩＴサービスを、どれくらい利用しているかが可視化されているので、ビジネス部門にとって有益です。つまり、組織の各ステークホルダーに対し、わかりやすくＩＴコストを提示できることがＴＢＭタクソノミーに準拠する一つ目の優位性です。

ＴＢＭタクソノミーのオブジェクトは、取り込まれたデータが分類と配賦を通じてレイヤーをまたがって連携されるため、各レイヤーにあるオブジェクト同士につながりを持たせてコストを可視化できるようになります。

例えば、ある組織において、必要なデータをインプットし、ＴＢＭタクソノミーとＴＢＭモデルにより、データが分類され、ソリューションのレイヤーにおいて、その組織が持つＣＲＭシステムのＴＣＯが10億円、利用人数は1万人と可視化されているとします。

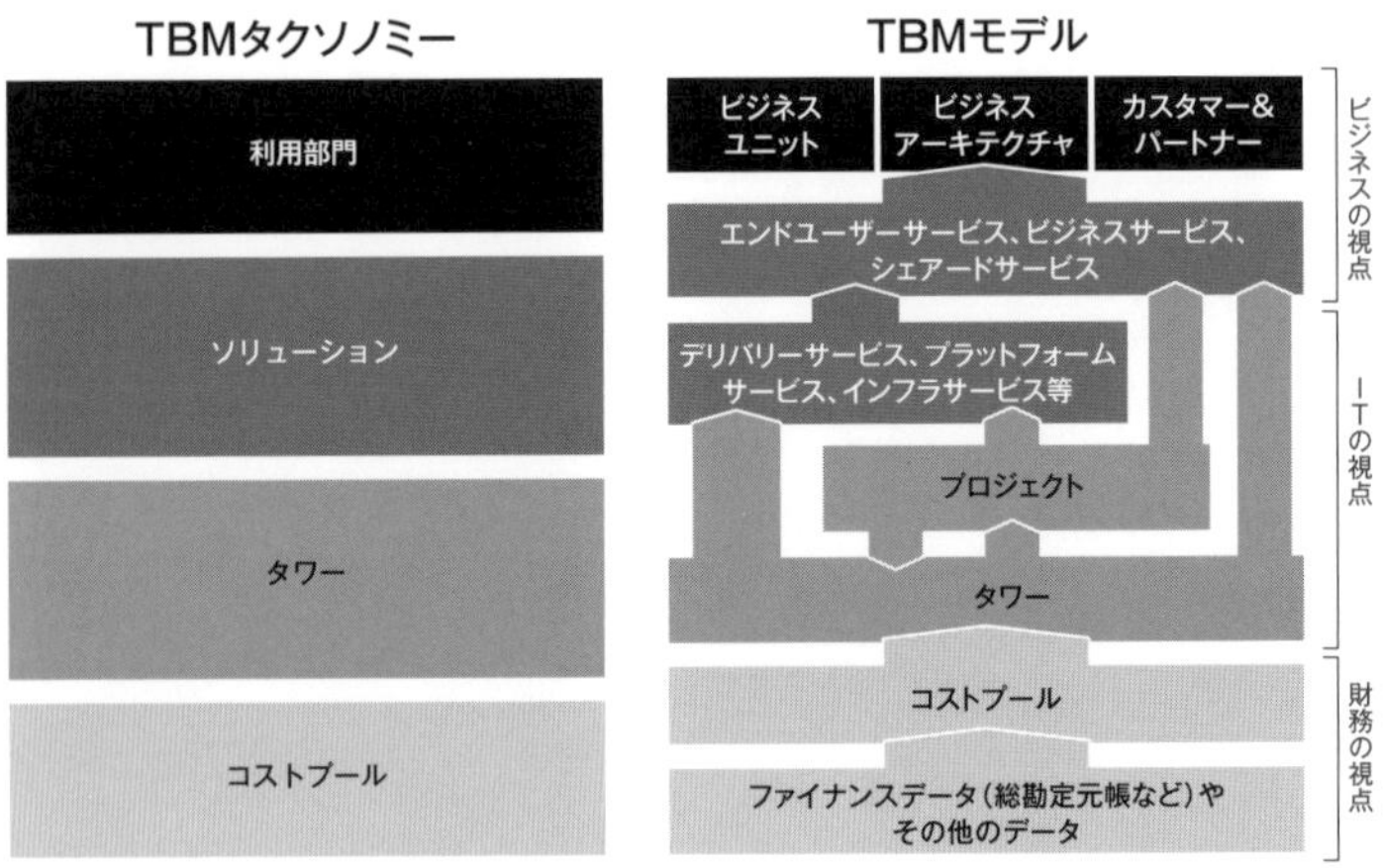

図6-4 TBMタクソノミーとTBMモデルの関係

この時、ＴＢＭシステム上で10億円のＣＲＭシステムをダブルクリックすると、ＣＲＭシステムを構成するタワーのオブジェクトとそれぞれの金額が展開されます。それらのオブジェクトの合算金額は10億円となります。同様にコストプールのオブジェクトとそれぞれの金額も展開され、オブジェクトの合算額は10億円となります。

このように、レイヤーの各オブジェクトがつながりを持つ可視化はどのように有益なのでしょうか？

翌年、この組織で、前年同様に各種データを取り込み、ＴＢＭタクソノミーとＴＢＭモデルにより、データが分類され、ＣＲＭシステムのＴＣＯが12億円と可視化されたとします。この時に同じようにＣＲＭシステムをダブルクリックすると、ＣＲＭシステムを構成するタワーのオブジェクトとそれぞれの金額が展開され、合算額は12億円になります。この時、タワーのどのオブジェクトが原因となって2億円が増えたかを把握することができます。コストプールのオブジェクトも同様に展開できますので、コストプールのどのオブジェクトが原因となって2億円増えたかを把握できます。

つまりコスト増加の原因を容易に発見することができるようになります。このようにコスト増加の原因を特定できることが二つ目の優位性です。

先ほどのCRMシステムの利用人数は1万人でした。翌年の利用人数をみたところ、1万2千人だったとします。この場合、10億円から12億円のコスト増は悪いコスト増なのでしょうか？

コストは20％増加していますが、利用人数も20％増加しており、一人当たりのコストは10万円と変わりません。この状況でCRMシステムのコスト削減を行なう必要はないかもしれません。利用人数が1万5千人であった場合、コストは増えているものの、それ以上に利用人数が増えているのであれば、追加投資対象として考えてもよいのかもしれません。

TBMタクソノミーのソリューションのレイヤーと利用部門のレイヤーのつながりを利用することで、コスト削減対象のITサービスなのか、それとも投資対象のITサービスなのかを判断できるようになります。これが三つ目の優位性です。

仮に、あるステークホルダーから、ITコスト増についての懸念が出された際、このような実際のデータを使いながら説明をすることで、組織のITに対する誤った意思決定が少なくなります。ＴＢＭタクソノミーの優勢性は、利用されているＩＴサービスのコストをむやみに削減せず、むしろ投資を増やすような判断をサポートします。もちろん、単純なコスト増の場合はタワーやコストプールのオブジェクトを見ていくことでコスト増加の原因を特定し、コスト削減を行なうべきです。ＴＢＭタクソノミーは、可視化された事実データを用いながら、各ステークホルダーに説明を行ない、組織全体でのＩＴ意思決定の高度化を支援します。

第 7 章

TBMメトリクス

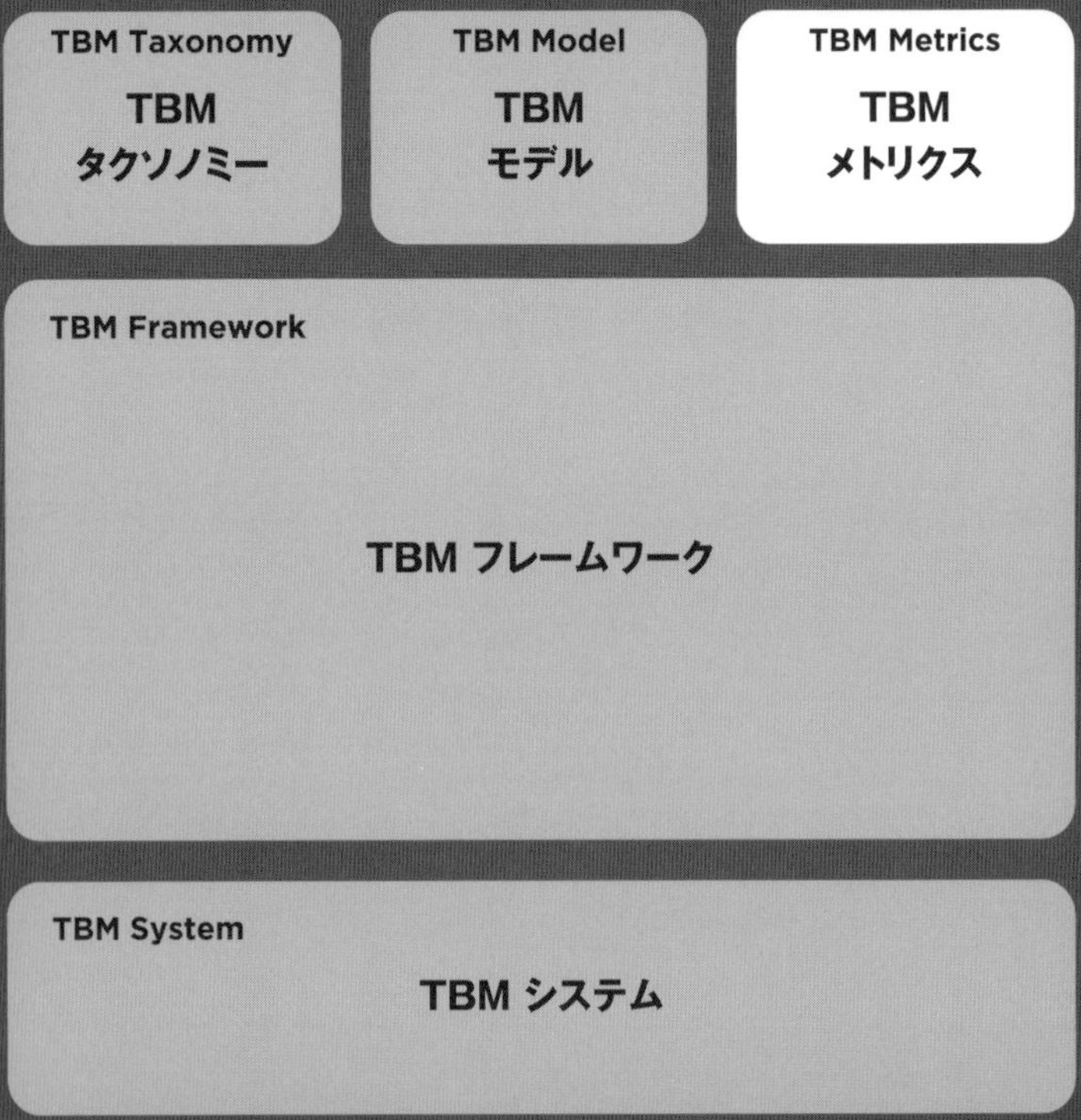

「ＴＢＭメトリクス」はＩＴ部門が提供している価値についての指標です。ＫＰＩやレポートと読み替えることもできます。ＴＢＭの実践では、ＴＢＭタクソノミーにより可視化されたデータを用いた各種レポートをステークホルダーと共有し、「やるべきこと」が実現できているか、さらに変革を進めるためにはどのように協業していくべきか、について会話していきます。ＴＢＭメトリクスは、ステークホルダーと行なう「４つの会話」を推進するための土台となります。

１０９ページで紹介した「コスト最適化」のプロセスはＩＴ部門単独で行なう場合もあれば、ビジネス部門とのかかわりの中で行なうものもあります。例えば、ベンダーとの契約更新の際に契約金額を下げるような交渉や、パブリッククラウドのようなテクノロジーを使ったコスト最適化はＩＴ部門単独によるものです。一方、提供しているＩＴサービスがあまり利用されていない場合、サービスレベルを下げることでコスト最適化を行なうことは、ビジネス部門との関わりを通じて実現されるものになります。この時、ＴＢＭメトリクスはＫＰＩとしても、状況を共有するためのレポートとしても利用されます。

ＴＢＭメトリクスには４つの種類があり、「運用費の継続的削減」と「新規開発投資の最適化」のゴールを達成するために用いられます。

1．コスト対効果

ＩＴコストがどれだけ利用されているか、どれだけパフォーマンスに貢献しているかを測る指標になり、代表的なメトリクスとしては次の４つがあります。これらは「運用費の継続的削減」のために利用されます。

①テクノロジースタックそれぞれのＴＣＯと利用状況
②アプリケーションやＩＴサービスそれぞれのＴＣＯと利用状況
③アプリケーションやＩＴサービスから生み出されるビジネスパフォーマンス
④利用状況やパフォーマンスに対する単位コスト

2．ビジネスへのアライン

ＩＴリソースがビジネスや戦略に沿ってどのように利用されているかを測る指標です。代表的なメトリクスとしては次の４つがあります。これらも「運用費の継続的削減」のために利用されます。

①組織ライン／部門ごとのＩＴ総支出額（ＯｐＥｘ＋ＣａｐＥｘ＋Ｐｒｏｊｅｃｔ）

②アプリケーションやＩＴサービスに対するＩＴ総支出額
③カテゴリ分けされたベンダーに対するＩＴ総支出額（ＯｐＥｘ＋ＣａｐＥｘ）
④戦略的イニシアティブごとのＩＴ総支出額

3. イノベーションへの投資

企業のＩＴ総支出がイノベーションにどう使われているかを測る指標です。

①ＩＴ総支出額に対する運用費と新規開発投資の割合
②カテゴリごとのＩＴ総支出額の割合（Ｔｒａｎｓｆｏｒｍ、Ｇｒｏｗ、Ｒｕｎなど）
③利用部門ごとのＥＶＡとＩＴ総支出額（＊ＥＶＡ＝税引後営業利益−有利子負債−投資）
④ＩＴ総支出に対するイノベーション投資の割合

これらは「新規開発投資の最適化」のために利用されます。

4. 変化への対応スピード

ビジネス部門からの要求に対するＩＴ部門の対応スピードを測る指標です。

①ＩＴ総支出額に対する変動費と固定費の割合
②ＩＴ ＯｐＥｘに対するクラウド利用額の割合
③アプリケーションやＩＴサービスごとの変動費の割合
④投資金額に対するＩＴ部門の自由裁量金額の割合

こちらも「新規開発投資の最適化」のために利用されます。

４種類のＴＢＭメトリクスについてそれぞれ代表的な指標を紹介しました。ＩＴファイナンスプロセスの高度化は幅広いため、Ａｐｐｔｉｏでは多数のＴＢＭメトリクスを標準のレポートというかたちで管理し、ＴＢＭタクソノミーによりデータが分類されていれば、標準でそのレポートを提示するという仕組みを持っています。もちろん企業や組織によってはステークホルダーに提示すべき指標を変えたい意向もあるので、そのような場合はカスタマイズしたレポートを提供します。

第8章

TBMシステムとApptio

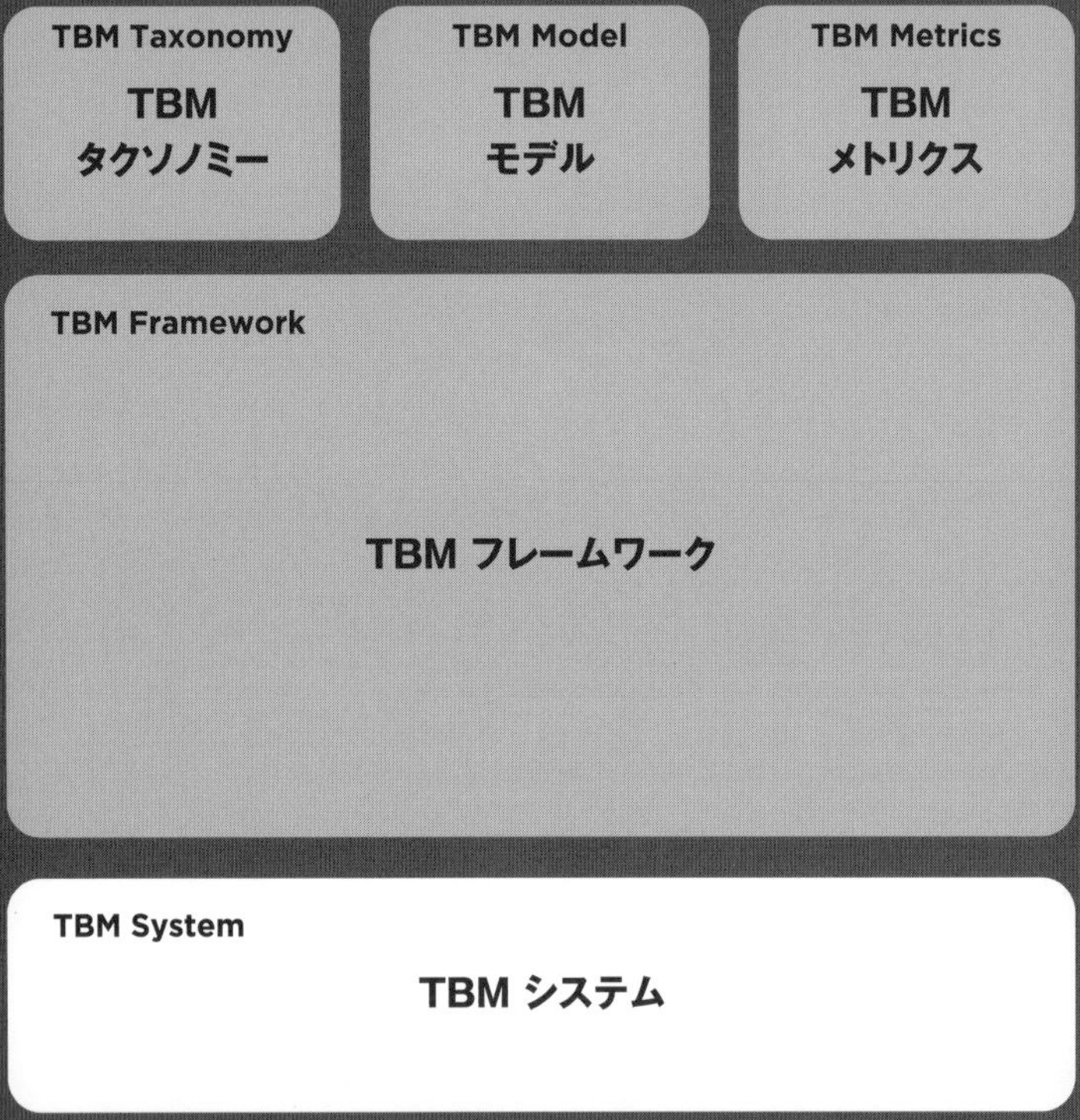

ＴＢＭを活用するためのソリューションとは

ＴＢＭフレームワークを中心として、ＴＢＭタクソノミー、ＴＢＭモデル、ＴＢＭメトリクスを紹介してきました。最後の要素はＴＢＭシステムになります。ＴＢＭの中で、ＴＢＭシステムは「スプレッドシートやＢＩ製品のカスタマイズでも構わない」とされていますが、次の要件は必ず含まれている必要があると定義されています。

ＴＢＭモデルの構築・管理・運用をサポートする機能を用意していること

ＴＢＭモデルは投入されたデータの分類や配賦ルールに従ってデータの配賦を行なうロジックの塊になります。このロジックの塊を開発し、管理できることは、必須のシステム要件となります。投入されたデータが何であろうと、予め設定されたロジックによって再現性が確保されていなければなりません。

ＩＴファイナンスの実務の中では、ＩＴコストのビジネス部門への配賦や、インフラコストのアプリケーションへの配賦について、配賦ロジックを変更して配賦額を変えるということがよくあります。その際、配賦ロジックの変更についてもシステムの中で正しく管理されていなければなりません。

また、配賦ロジックによって決定された配賦金額について、ビジネス部門から説明を求められることがあります。事業部ごとにＰ／Ｌを管理しているような組織では、配賦されたＩＴコストは利益に影響するため、配賦側であるＩＴ部門は納得性のある説明をしなければなりません。その際に、詳細なプログラムコードをビジネス部門に見せても理解されることはありません。したがって、ＴＢＭモデル自体をわかりやすくビジネス部門に説明できるような機能を持っている必要があります。

Ａｐｐｔｉｏでは「ＴＢＭスタジオ」というＴＢＭモデルを定義するツールを持っています。配賦ロジックはすべてノーコーディングとなり、投入されたデータは用意された関数や他の投入データを用いながら配賦ロジックを決定していきます。この関数は非常に多くの種類が準備されています。Ａｐｐｔｉｏ独自で定義した関数であるということと、その説明が英語でのみ用意されているという難点はあるものの、慣れれば非常に容易に配賦ロジックの変更や管理が可能となります。また、「ＴＢＭスタジオ」はオブジェクトと配賦ロジックの関係をビジュアルで表現する機能も持っています。これによってビジネス部門やステークホルダーの方から配賦ロジックについて説明を求められた際、わかりやすく説明することができます。

他システムからのデータ取り込み・変換・ロードをする機能

ＴＢＭタクソノミーにより可視化モデルを構築する際には、沢山の種類のデータを大量に取り込む必要があります。データソースから大量のデータを取り込むと共に、データソース側でデータが更新されれば、その更新内容を取り込んだ側にも反映させる必要があります。ＥＴＬ(Extract-Transform-Load)ツールなどを使えばこの要件を満たせますが、Ａｐｐｔｉｏでは「Ｄａｔａｌｉｎｋ」という機能を用意しています。これは必要なデータソースに対して、それらがオンプレミスのシステムにあろうと、パブリッククラウドにあろうと、エクセルなどのファイルで管理されていようと、自動で取り込んでくる仕組みです。おおよそ４００程度のデータソースに直接連携をしますが、連携できない場合や直接連携してほしくないシステムからデータを取得する場合は、データをスプレッドシートなどのファイルにダウンロードしてもらい、スプレッドシートを読み込んでデータの取り込みを行ないます。「Ｄａｔａｌｉｎｋ」はデータ取得の頻度や時間なども指定することができます。ＳＡＰやＳｅｒｖｉｃｅＮｏｗなど、よく連携するデータソースについてはコネクターが開発されていて、投入するデータ、取り込む頻度、時間の設定などをＧＵＩベースで行なうことが可能です。２０２２年11月時点で

45のコネクターを持っています。

データをステークホルダーにわかりやすく提供する機能

ＩＴファイナンスの高度化はＩＴ部門だけに限ったことではなく、経営やビジネス部門、ファイナンス部門にも関与してもらう必要があります。そのため、取得したデータはそれらのステークホルダーにわかりやすく説明できる状態でなければなりません。ＴＢＭタクソノミーはその構造を有していますので、取り込んだデータはステークホルダーそれぞれにわかりやすいかたちでＩＴコストを提示します。

また、単純に見せるだけでなく、わかりやすくレポートする機能を持っている必要があります。ＴＢＭの中では、ＴＢＭメトリクスが該当しますが、Ａｐｐｔｉｏでは数多くの標準レポートを持っています。これも「ＴＢＭスタジオ」の中に用意されていて、例えば表示したいデータを部門ごとに区切る、前年同月比で並べてレポートする、棒グラフではなく、円グラフで表示するなどの要件をノーコーディングで実現します。ＩＴファイナンスの領域では当年度累計や当月のみなど特殊な見せ方をするケースが多くありますが、必要となるレポートはほぼすべて標準で実装しています。

Ａｐｐｔｉｏは各種レポートをノーコーディングで実現できるよう、独自の関数を開発しているのですが、それにはレポートの作成をＩＴ部門だけでなくビジネス部門の方にも開放し、できるだけノーコーディングで行なってもらえるようにすることで、ＩＴファイナンスに関するデータをステークホルダー全員が自分事化してもらうという意図があります。その意図はライセンスモデルにも表れています。Ａｐｐｔｉｏのライセンスモデルは、ユーザー数やデバイス数に依存する形態をとっていません。セキュリティ観点での制限はかけられますが、閲覧したい人や作成したい人は誰でも追加料金なく閲覧することや作成することが可能です。

データをセキュアな状態に維持する機能

ＴＢＭタクソノミーによる可視化では給与データや社員データを扱うことになります。こうした秘匿性が高いデータや作成されるレポートは堅牢な管理をされなければなりません。Ａｐｐｔｉｏ社のソリューションはパブリッククラウド上で稼働していますが、その環境へのアクセスは二要素認証を経なければアクセスできません。利用しているパブリッククラウドは、製品によりますが、ＡＷＳとマイクロソフトＡｚｕｒｅになります。ここでは、ＡＷＳやＡｚｕｒｅのセキュリティの高さはあえて述べる必要はないと思います。

ＴＢＭシステムに求められる要件と、それに見合ったＡｐｐｔｉｏ社のソリューションが持つ機能について紹介をしました。Ａｐｐｔｉｏが持つ機能はそれ以外にも多くあります。例えば、レポートに対して、ステークホルダーとコメントのやりとりを行なう機能をもっています。これはステークホルダーと同じデータを見ながらコミュニケーションを活性化させ、組織全体での意思決定を高度化することを意図しています。

また、ＴＢＭタクソノミーにより分類されたデータからコスト削減余地がありそうな領域を提案する機能も持っています。これはマシンラーニングの機能を使っています。タワーのオブジェクトやコストプールのオブジェクトを比較粒度としてベンチマークを行なう機能もあります。ベンチマークのデータはルービンワールドワイドやＩＳＧといったサードパーティーから購入しており、６カ月ごとに更新しています。ＩＴ予算編成のためのツールや、ビジネスサイドのＩＴサービス利用状況から請求金額を算出し、請求書のフォーマットをメールで送る機能もあります。

ここからＴＢＭとＴＢＭシステムとしてのＡｐｐｔｉｏとの関係性について説明しましょう。組織におけるＩＴファイナンスのプロセスは広範囲にわたりますが、そのプロセスを高度化する方法論をTBMは定義しています。そしてこの方法論を実現するために、可視化をはじめとしたソリューションをApptio社が提供しているという関係になります。ちなみにApptio社のソリューションは年々増加しています。テクノロジーが進化し、求められるITファイナンスのあり方が変わり、ITファイナンス高度化のための可視化のあり方も変わることで、TBMタクソノミーが改善されることは前述の通りです。このような流れと同じように、求められる機能も新たに出てくるため、四半期に一度開催されるTBMカウンシルの会合の中で、新たに出てきた要件をApptio社が汲み取り、新たな機能を継続的に追加していきます。

最後にまとめとして、TBMの根幹をなすデータについての考え方をもう一度振り返り、皆さまがどこからTBMのジャーニーをスタートすべきかについて解説します。

TBMにおけるデータについての考え方

TBMではデータを「可視化されるデータ」と「配賦を行なうためのデータ」として捉えています。「可視化されるデータ」とはIT総支出額や人件費、計算された減価償却費、IT予算や予算と実績の差異額など、TBMメトリクスや標準レポートで提示されるデータになります。一方、「配賦を行なうためのデータ」とはまとまった金額を個別に分解していくための、配賦ロジックに使われるデータです。例えば、共通で利用されているインフラコストを配賦するためのCPU利用率やストレージ利用量、共通で利用されているシステムコストを複数のビジネス部門に割り振る時に利用する、ビジネス部門ごとの従業員数やデバイス数、売上金額などが該当し、TBMモデルの配賦ロジックに使われます。

TBMタクソノミーに取り込んでくるデータとしては大きく5種類あると前述しました。

ファイナンスに関するデータ
インフラストラクチャーに関するデータ
アプリケーションに関するデータ
プロジェクトに関するデータ
ビジネス部門に関するデータ

この5つは、「可視化されるデータ」と「配賦を行なうためのデータ」のどちらか、または双方として利用されます。

そもそも企業はＴＢＭの実践に必要なデータを最初からすべて保持しているのでしょうか？当然持っていません。これまで私はそのような企業に出会ったことはなく、欧米でもそのような企業はありません。

ＴＢＭでは、「データの蓄積と活用は表裏一体の関係」と考えています。データは蓄積されていなければ活用できません。何に活用をするかというとＩＴファイナンス高度化のためのアクションを支援するためです。アクションを実行するための標準レポートやＴＢＭメトリクスを作るためにデータは活用されます。

一方で、アクションはユースケースを利用しながら、必要なデータを特定します。つまり、解決したい課題からアクションを選択し、ユースケースを通じて必要なデータを特定します。必要なデータを持っていればそのアクションを実行できますが、そのためのデータがないということがわかれば、ＴＢＭではそのデータを蓄積するべきと考えています。

このアプローチは非常に合理的で、優位性を持っています。通常、持っているデータを前提に可視化して、ＩＴファイナンス高度化のアクションを行なうアプローチをとると、「持っているデータ」が「実行すべきアクション」の幅に制限をかけてしまいます。ＴＢＭでは、まず

「実行すべきアクション」が存在し、そこから「必要なデータ」を特定します。TBMでは、解決したい課題があれば、アクションを選択し、そのアクションに「必要なデータ」を集めてくるという本質的なアプローチをとります。

データを集めるのは時間がかかりますが、TBMではデータをすべて集めてからアクションを実行するということは推奨していません。実行可能なアクション、つまり必要なデータが揃っていて、可視化が可能であれば可視化をして、アクションと並行しながら、さらに必要なデータを集めるというアジャイルなアプローチをとります。

「可視化されるデータ」がない場合は、データが集まるまで実行を待つしかありませんが、「配賦を行なうためのデータ」がない場合は待つ必要はありません。CPU利用率を使って共通インフラコストを個々のアプリケーションに配賦したいと考えているものの、CPU利用率のデータを持っていない場合には、まず共通インフラコストを異なるロジックで（例えば等分など）配賦しておきます。蓄積すべきデータは、アプリケーションごとのCPU利用率と特定されていますので、アプリケーションごとのCPU利用率データを集め、集まった段階で適用する配賦ロジックを、等分からCPU利用率に変更します。最初は等分による配賦ですので解像度は低いですが、CPU利用率を適用することで解像度を上げることが可能になります。

ＩＴファイナンスの実務上で、複数のビジネス部門で共通に利用されているシステムコストを等分で配賦をしていた場合、ビジネス部門からクレームが入るかもしれません。これは、126ページでも紹介した**規律④「関係性改善」**でも言及した通りです。その場合は等分で配賦をしていることの説明をするべきですが、加えてＣＰＵ利用率データも集め、将来的にはシステムコストを利用率によって配賦を行なう予定であることを説明することで、関係性を著しく損なうリスクを避けることが可能となります。

どこからＴＢＭのジャーニーをスタートすべきか

ＴＢＭの導入に興味をもった方には、すぐに着手をすべきだと伝えています。すべてのデータが揃ってから開始する必要はありません。前述のように、ＴＢＭの特徴は課題を解決するためのアクションについて、必要なデータとレポートがすでに定義されていることです。まずはＩＴファイナンスプロセスの中で優先順位が高い課題を決め、その課題解決のアクションに必要となるデータから収集を開始すればよいのです。仮にＩＴ予算の予実差異に課題があれば、この課題に必要なデータだけを集めます。ＴＢＭを活用しているほぼ１００％の組織がこのスモールスタートのアプローチをとって、徐々に適用範囲を広げています。データが蓄積される

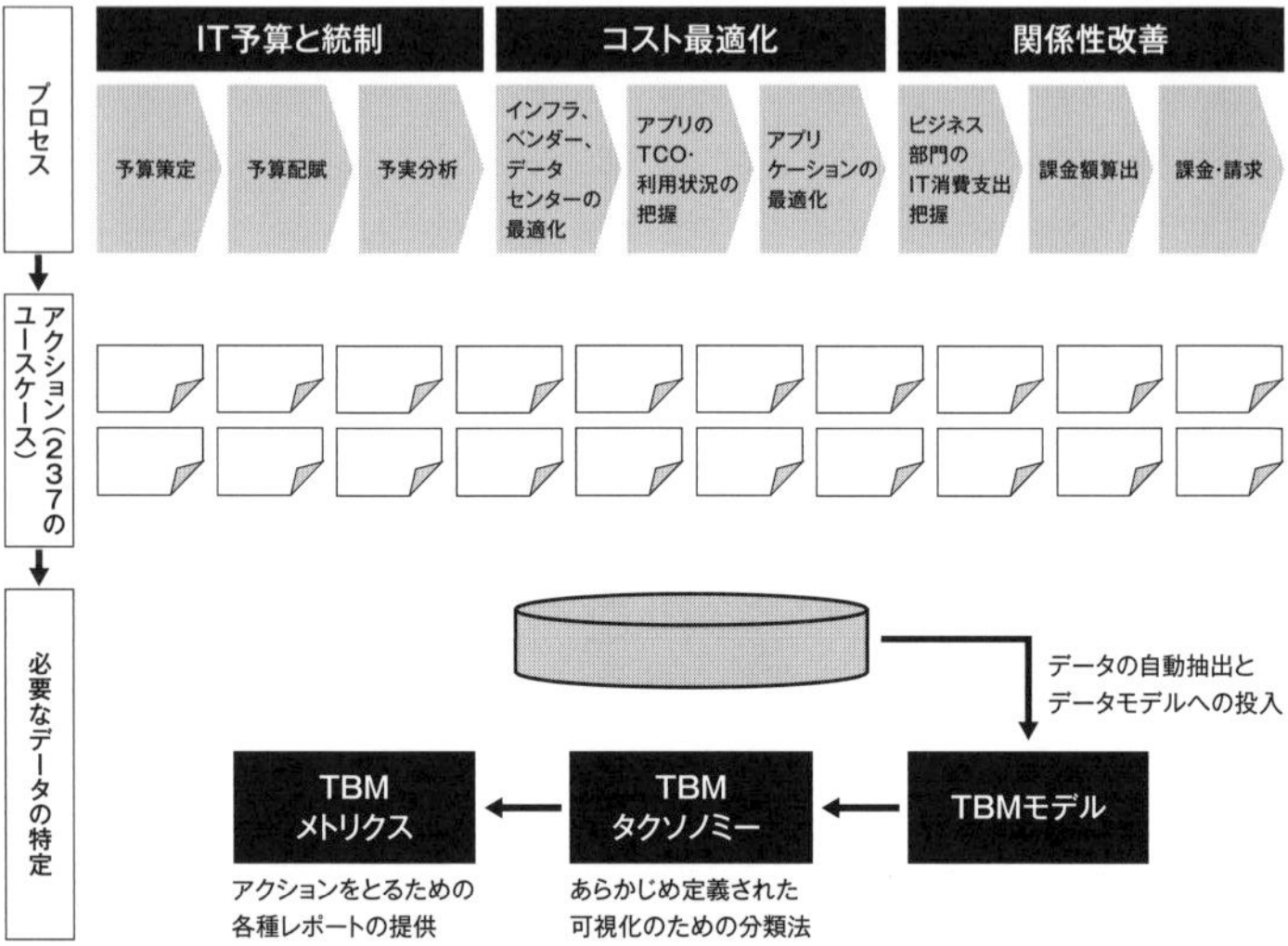

図8-1 TBM導入のアプローチ

につれ、解決できる課題が加速度的に増えていき、ＩＴ部門の立ち位置も、エクスペンスセンター、サービスプロバイダー、バリューパートナー、そしてビジネスドライバーへと変革していきます。現時点でのデータの保持状況から二の足を踏む必要はありません。すぐスタートしても、三年後にスタートしても、データを改善することに変わりありません。そうであれば、いち早く足りないデータを把握し、データの収集や改善に仕掛かり、ＴＢＭのメリットを早く享受することが最善のアプローチといえます。

第2部（第3章～第8章）ではＴＢＭフレームワークを中心に、ＴＢＭの5つの構成要素の紹介をしてきました。実際の業務プロセスと合わせて、かなり広範囲にわたって細かく説明しましたが、要点をまとめると、**ＴＢＭの実践とは、継続的な運用費の削減と新規開発投資の最適化を実現するために、目的に合致したＩＴファイナンス可視化モデルをベースに、ステークホルダーとコミュニケーションをとりながら、組織全体でＩＴファイナンスプロセスを高度化し、ＩＴ投資を最適化していく**ということになります。

ＴＢＭについて、ＣＩＯの方々から「自分が考えていることが体系立てて整理されている」、「自分のマネジメントの指針になる」「ＩＴの管理会計整備に利用できる」といった声もいただいています。マネジメントの対象は大きく、ヒト・モノ・カネとなりますが、その意味では、

ＴＢＭは主にカネを対象にしたＩＴ部門マネジメントの方法論と言えるかもしれません。

今後ますますテクノロジーがビジネス活動の中心になっていく中では、ＩＴファイナンスに対するマネジメントの高度化が求められてきます。さまざまな企業の方と会話をしていく中で、ＩＴの費用については「乱暴」に管理されているというのが率直な感想です。ＴＢＭタクソノミーをベースに、まずはＩＴ費用の分類を整理するだけでも大きな効果が出ます。そうすることで、その先のＩＴ予算と統制、コスト最適化、関係性改善というアクションもとることができるようになります。

一部の企業の方からは、「非常に賛同するコンセプト。しかし当社にとっては高尚すぎる」「まだうちには早い」という反応をいただきます。しかし、これは約30年前のＥＲＰがそうであったように、まだＴＢＭがデファクトスタンダードになっていないからです。先述したように、ＴＢＭは効果を得るために必要なデータを特定します。必要なデータの収集については一定の時間を要しますので、効果を早く得るためにも、すぐにＴＢＭの導入を検討いただきたいと考えています。

次の部では、ＴＢＭをすでに導入し、「ＴＢＭジャーニー」をはじめているユーザーとの対話をご紹介します。

Column
コラム

配賦ロジックを高める3ステップ

TBMにおいて、配賦ロジックは3つの段階があります。これを階段のように上がっていくことで、ビジネス部門の納得性を高められます。

最初の段階は「仮説型」になります。これは仮説に基づいて配賦を行なうことを指します。アプリケーション保守にかかる共通人件費をアプリケーションごとに均等に割り当てたり、業務アプリケーションの共通運用費をビジネス部門の売上をベースに分配したり、考えられる仮説に基づいて配賦を行なうやり方です。

次の段階は「属性型」になります。これは各項目の属性にて加重平均して配賦を行なう方法です。アプリケーション保守にかかる共通人件費をアプリケーションの規模や複雑性を重みづけして配賦を行なったり、業務アプリケーションの共通運用費をビジネス部門のユーザー数で配賦を行なったりする方法になります。

最後の段階は「消費型」になり、これは実際の消費量に基づいて配賦を行なう方法です。アプリケーション保守であれば、実際のサポートチケット数に応じて配賦を行ない、業務アプリケーションの共通運用費はトランザクション数に応じて配賦を行ないます。仮説型よりも属性型のほうが、属性型よりも消費型の方が、可視化の解像度が上がり、配賦ロジックに対するビジネス部門からの納得性が高まります。

しかし精密な配賦を行なうことを大前提にすると、ＴＢＭ導入にいつまでたっても至らないことや、逆にやりすぎて、何をしたかったのかわからなくなるという事態も発生します。配賦の正確さを追い求め、配賦に十数もの段階をつけて複雑にしたことから、配賦後のＩＴコスト最適化のためのインサイトが得られなくなってしまった事例もあります。重要な点は、ビジネス部門の納得性なので、将来的に「消費型」に移行することを前提に、「仮説型」や「属性型」からはじめる社内合意をとって、ＴＢＭを導入することをお勧めします。

TECHNOLOGY BUSINESS MANAGEMENT

第3部

対談編

ＴＢＭの導入企業の事例に学ぶ

第９章

実践者と語るＴＢＭ活用

富士通のDXの現在地とTBMをめぐって

福田 譲 氏
富士通株式会社 執行役員 EVP CIO、CDXO 補佐

× 成塚 歩 Apptio株式会社 代表取締役社長

「ＩＴ」×「ファイナンス」を共通言語でつなぎ、変革する

飯尾 理佳 氏
資生堂／資生堂インタラクティブビューティー

× 成塚 歩 Apptio株式会社 代表取締役社長

富士通のDXの現在地とTBMをめぐって

富士通株式会社
執行役員 EVP CIO、CDXO 補佐
福田 譲 氏

１９９７年ＳＡＰジャパン入社、23年間勤務、２０１４～２０年の約６年間、代表取締役社長。２０２０年４月、富士通に入社、現職。ＣＤＸＯ（最高デジタル変革責任者）を兼務する社長の補佐、および社内ＩＴの責任者ＣＩＯとして、同社自身のＤＸ、日本型ＤＸの探索・実践とフレームワーク化、そしてそれらの変革を推進するＩＴシステム、ＩＴ部門、ＩＴ人材、そしてＩＴガバナンスへの変革に取り組んでいる。「日本を、世界をもっと元気に」がパーパス。

日本企業の戦略とガバナンスの不在

成塚　福田さんはＳＡＰから富士通へと転身された経歴もあり、日本と外資、ベンダーと事業会社など異なる視点から、日本企業のＤＸを見てこられました。私自身もマイクロソフトにい

た経験から、海外・外資系企業の事例に多く触れ、日本企業のDXが遅れている実感は持っており、その理由が「ファイナンスとIT」「ITと現場」の対立構造にあるように感じています。時にCIOとCDOの対立などもあるようで、なぜそれが生まれるのか、日本に特有なのか、いろいろと考察しているところです。

福田　その問題については、長らく「戦略とガバナンスの不在」が大きいのではないかと思ってきましたが、富士通に入社して〝確信〟に変わりました。全社戦略が明瞭さに欠けることで、各事業や各部門が良かれと思って部門最適の〝事業戦略〟や〝部門の方針〟を掲げ、結果としてそれが企業レベルでの全体最適を機能不全にしている構図だと思います。乱暴に言うと、シンプルに「経営のリーダーシップ不足」と言えるかもしれません。会社を車に例えると、営業部門はエンジンでファイナンス部門はブレーキやハンドル。それぞれの機能が正常に動いていても、車がどう動くかはドライバー次第なわけです。現場はそれぞれに機能しているのに車のスピードが出ない。上手く市場の競争を勝ち抜けないのは、ドライバーがハンドルに手を添えているだけで意思や戦略を十分に持って運転しておらず、「成り行き運転」になっているのではないでしょうか。

これが根本的に解決されていないのは、「過去はそれでも成長できた」から。かつての日本はマーケット全体が成長を続け、内部に多少の問題があっても、皆が成長していました。すでに環境は変わっており、過去の成功パターンでは成長できないわけです。環境が変われば、それに合わせて経営も変わるべきですが、前例を否定しにくい企業風土や人事制度など、経営の仕組み全体が「変革しにくい」環境を醸成し、結果として戦略や実行、そのガバナンスが効きにくかったのでしょう。それほどまでに、過去の日本の成功体験は強く、そこに起因する制度や風土が強く浸透し、残っているとも言えます。各部門は、全社レベルの戦略が明確ではないため、自分の仕事に集中します。結果として、与えられたミッションを忠実に遂行しようとすると、ますます部門ごとの個別最適が進み、全体が機能不全になってはいないかと。

成塚　経営判断として変革を掲げる経営者もいると思いますが、全体的な判断はできても「自分はＩＴがわからないから」とＩＴ部門に丸投げする方も少なくありません。特にＤＸが進まない理由は、そこに大きな原因があるように感じています。社長が謙遜めいて「ＩＴはわからないので担当者に任せる」というのは、欧米では「ファイナンスがわからないので担当者に任せる」と言っているのと同じに受け取られます。本来はありえないことですね。

福田　丸投げする社長は確かに問題です。でも、ＩＴをわかっている経営者はそういるはずはありません。経営トップも含めて社内のＩＴリテラシーを上げるのは、ＣＩＯの仕事です。

「うちのトップはＩＴを知らない」と嘆くＣＩＯがいますが、それではＣＩＯ失格でしょう。経営がＩＴを理解してくれないからＩＴに投資がされない、投資されないので人材の質や組織力が上がらない。結果として社内でＣＩＯやＩＴ部門の発言力が弱く、ＩＴの戦略的な活用につながらない、という負のループが回り続けている組織が多いのではないでしょうか。

そうした状況を生み出したのは、ＩＴベンダーにも責任があると思います。ＣＩＯやＩＴ部門だけを相手にして、その先にいる事業部門や経営層への働きかけをおろそかにした結果、ＩＴは経営やビジネスに資する投資というメッセージが届かず、ＩＴはコストであるという認識を定着させてしまった。ＩＴベンダーからすれば、話が通じるＣＩＯやＩＴ部門とだけ付き合った方がラクですから。「ＩＴとはコストであり、安ければ安いほどいい」という世界的にも珍しい日本独特の価値観をつくってしまったのは、ＩＴ部門とＩＴベンダーの共同責任ではないかと。

ＳＡＰ時代には、ＥＲＰが部分最適の業務システムではなく、会計、物流、営業、購買などあらゆる部門を統合することで真価が出る全体最適を実現する経営システムである、というメッセージを伝えるため、ＣＩＯではなくＣＥＯやＣＦＯへのアプローチに注力しました。もちろん〝わかっている〟ＣＩＯは「ＥＲＰが何か」をＣＥＯに説明でき、そうやって会社全体を動かす本来のＣＩＯのミッションを果たしている立派な方々もいらっしゃいます。

日本企業が「積み上げてきたもの」には可能性がある

成塚　日本企業のＤＸの課題は根深そうですが、可能性はありますか。

福田　瞬発力は欧米系企業の方が全体的に優れているかもしれません。ただし裏を返せば、トップが変われば戦略も人もガラッと変わってしまう。トップの戦略をすぐに実行できますが、歴史の〝積み上げ〟が機能しにくいわけです。

欧米が短距離型なら、日本はマラソン型といえるでしょう。なかなか方向転換しないけれど、しっかり積み上げていく。実際、寿命の長い企業が多くて、世界で１００年以上継続している企業のうち約50％が日本にあって世界1位だといわれています。創業88年を迎える富士通も、通信機器の製造会社（富士通信機製造）から始まって、コンピュータ、パソコン、ＩＴサービスと事業を変化させてきており、今まさに再び新しい業態を模索しています。瞬発力に課題があっても、持久力で勝ち抜いてきたわけです。全社的なコンセンサスを作るのに時間はかかりますが、ひとたびそれができれば、根気よく実行しながら進化させる力は世界レベルと言えるのではないでしょうか。

成塚　確かに外資系企業には積み上げが苦手な会社がけっこうありますね。一方、日本は合意がとれた後の追い上げ、徹底ぶりは目を見張るものがあります。

福田　体は小さいし、パワーでも劣る部分がある日本人が、それでもスポーツの分野では世界的に活躍しています。なぜ勝っているのかを分析すると、まずは「世界で勝とう」という強い気持ちと「勝つための明確な戦略」を持っている。そのうえで、戦略を実行するために血のにじむ努力を惜しまず、同時にチームワークを磨いています。過去20年、ラグビーやサッカーは、世界の中で確実に強くなりました。ビジネスで、同じことができないはずがないと思うんですよ。でも、「世界で勝つ」という気概、そのための「勝つ戦略」を持っている日本企業がどれほどあるか？　その「そもそも」の部分が留守なまま、今まで通り頑張り続けている企業や経営者が多い気がします。

成塚　スポーツの世界を見ていると、ビジネスとも通じるところがあります。それでいくと、いきなりルールが変更されて勝てなくなるというケースも、共通して見られる現象のように思います。日本人はルールの中で最適化して愚直に取り組むというのは得意でも、ルールをつくっていく、変えるよう交渉していくといったところは苦手なのかもしれません。

福田　そう思います。でも、得意・不得意は表裏一体で、リーダーシップが強い人はフォロワーシップが弱い傾向もあります。リーダーシップが弱い人は、その分フォロワーシップが強い。強い・弱いではなく、「特長」と読み替えて、自分らしいやり方をするということではないかと思います。例えば、海が凪いでいるときは、フォロワーシップが強いエンパワーメント型のリーダーが見守る方が、一人ひとりが持ち場で頑張り、船が進んでいきます。しかし、海が荒れているときは、強力なリーダーシップのもと、明確な指示を出して臨機応変に操船しなくては船が沈んでしまいます。この例えでいえば、今はやはり「戦時」の強いリーダーシップが必要です。

トップの交代とガバナンスが富士通を変えた

成塚　その意味では、富士通の変革は、強いリーダーシップのもと「変わろう」というメッセージを感じます。そうなるまでにはどのような背景や経緯があったのでしょうか。

福田　最大の要因は「トップが目の色を変えて変革をリードしている」ということです。その背景には、そうした人物をCEOに指名するという、経営のガバナンス体制とプロセスができたことがあります。現在も取締役9名のうち、過半数の5名が社外で、指名委員会、報酬委員会ともに社外メンバーが委員長を務め、取締役会の議長も社外です。CEOが適度に緊張感を持たざるを得ないガバナンス体制が、〝目の色が変わった人〟をトップに据え、CEOに就任した後も、革新に挑み続ける環境を作りました。株主も現在では過半数が海外株主であり、「日本式」の経営ではなく、グローバルのルールや常識に基づく経営が期待されています。ここ数年で企業価値は倍以上になりましたが、それは過去からの決別を促す経営ガバナンスと、それに基づいて会社を変革するリーダーシップが、収益を生まない事業の整理や踏み込んだ改革を促し、結果として「稼ぐ力が上がってきた」現れです。株式会社の本来あるべき姿になってきたと言えるのかもしれません。

成塚　SAPジャパンの社長時代と現在の富士通の変革リーダーの立場では、プレッシャーの違いはいかがでしょうか?

福田　「プレッシャーの種類が違う」という表現がしっくりくるかもしれません。SAP時代は本社から戦略が降ってきて、それを「どうやって実現するか、結果を出すか」という〝How〟がミッションでした。一方、富士通では〝WhyとWhat〟という根本部分がミッションとして問われています。ＳＡＰは、それはそれで大変なプレッシャーでしたが、明確な戦略があり、数値化された目標があったのでわかりやすく、〝Ｈｏｗ〟に集中すればよかったわけです。しかし、富士通での仕事は、そもそもの〝ＷｈｙとＷｈａｔ〟を考え抜くことから始めるので、ミッションも、やりがいも、使う筋肉も、仕事の内容も、「種類が違う」のです。

ＩＴ投資を可視化することが変革を促す

成塚　そういう意味では、〝ＷｈｙとＷｈａｔ〟、そして〝Ｈｏｗ〟を考える上で、「可視化する」ということが重要なのではないかと思います。福田さんがＳＡＰ時代に手がけてこられたＥＲＰも、本書のテーマであるＴＢＭも、ＩＴ投資がどのように経営にリターンをもたらしているのかを可視化して説明することで変革に役立つということはあるのではないでしょうか？

福田　〝ＷｈｙとＷｈａｔ〟は、なかなか数値化は難しいのですが、〝Ｈｏｗ〟については、常態を可視化することで、より良い成果を意図して作っていくことができます。そもそもビジネスで成果を出すためには、見えないものは管理ができず、結果として良くすることはできません。その際、ＩＴをコストとして見るだけでなく、効果も可視化することで、投資としての妥当性を判断できるようになります。もちろん、ＩＴの費目の中にはコストとして管理すべきものもありますが、守りのＩＴだけでなく、ＤＸのように攻めのＩＴも包含した戦略的なアプローチに変えるためには、ＩＴや自分たち自身を、数値で深く理解することが欠かせません。本来ＩＴは「視える化」の効果的な手段なわけですが、ＩＴ自身の可視化が課題というのは皮肉なものです。

成塚　ＩＴをコストから投資に意識を変えてもらうためには、数値化と可視化が必須というのは間違いないと思われます。しかし、「どれくらいコストが下がるの？」ということに興味がある人は多くても、「この投資でどれくらい利益になるの？」を意識する人は少ないように感じます。

福田　プロフィットセンターの経験・感覚を持っているかどうかは大きいですね。コストセンターしか経験がない人はどうしてもＴＣＯ（Total Cost of Ownership）に意識が集中し、悪気なく管理型で縮小均衡型になってしまいがちです。局面によってはそれが必要なのですが、〝戦時のリーダーシップ〟が求められるときには、今までのやり方とは違った視点や経験が生きるのではないでしょうか。プロフィットセンターの経験を持っている人の方が、ＲＯＩ（Return on Investment）の感覚が生かせるように思います。

変革のためのＴＢＭ活用

成塚　富士通自身の全社的なＩＴ投資に関して、何か上手くいかない部分や課題等はあるのでしょうか？

福田　課題だらけですよ（笑）。グループとしては、全世界でシステムが２５００以上あります。今でこそ整理ができましたが、入社した2年前のころは、システムの数を質問するたびに時間がかかり、かつ答えが異なっていました。戦略やガバナンスの課題は全社レベルだけでなく、ＩＴレベルでも同様で、ＩＴ部員２０００名超のスキルの状況把握、ＩＴ投資のシミュレーションに必要なさまざまなベースとなる数値も、可視化と把握、その前提となる組織構造やガバナンスなど、多くの課題が散在していました。セキュリティ、マインドセット、仕組み、カルチャーなど、課題はキリがないくらい挙げられます。ＡｐｐｔｉｏとＳｅｒｖｉｃｅＮｏｗによる可視化と最適化は、その第一歩です。

成塚　そうした改革の中で、ＴＢＭについてはどのようにお考えでしょうか？

福田　ＴＢＭは明確にＣＩＯにとって有益です。ＣＩＯがその職責を果たすために当たり前に必要なものであり、CIOのための方法論、教科書、たたき台と言えるでしょうか。TBM自体についてはフィロソフィーであり、基本中の基本で、いわば「守破離」の〝守〟に該当するもの。

私は富士通に来て、はじめてCIOの立場に就きました。それまで経営者ではありましたが、IT部門の統制そのものは経験がなかったので、よくわかる〝基本のキ〟としてTBMが大変役に立ちました。ただ中身は決して特別なこととではなく、「当たり前のことを当たり前に行なうためにはどうしたらいいのか」が、誰でも実践できるかたちでまとめられています。とはいえ、その当たり前のことがけっこう大変で、TBMを実践するためにApptioとServiceNowなどのツールが必要です。ただし、ツールがあれば実践できるものでもなく、「自分たち自身がどうありたいか？　そのために何を変えるのか」が極めて大事です。私自身は、「CIOをやるのが初めてなので、教科書的に価値が高い」と感じていますが、CIOの経験者の中には「自分が考えていたことが可視化された」とTBMを評価している方もいます。

日本企業の課題に「論理分解」で切り込んでいく

成塚　日本企業のDXが進まない理由についての洞察や、リーダーシップやガバナンスの不足などに気づくことができたのは、どのような経験をされてこられたからなのでしょうか。

福田　圧倒的にさまざまなお客様に触れてきたことが大きいですね。すごい企業もあれば、問題だらけの企業もある。外資系に所属しながら、多くの日本企業と触れ合ってきたことで、両方を見て対比し、その違いが何によるものなのかを長年体感してきたことは、結果としてとても良い経験でした。

ＣＥＯ、ＣＦＯ、ＣＩＯといった役割による考え方や価値観の違いも面白かったです。同じＣＩＯでも、反面教師のような方もいたし、一方でこの人のために力を尽くしたいと思わせるＣＩＯもいました。日本で育った人の人間性、価値観、感性にはやはり優れたものがある。日本企業でなかなか改革が進まないのは、人が悪いのではなく、構造や仕組みが課題なのだという視点に思い至り、それを論理分解して処方箋を考え、一つずつ変えることに自分の経験が役立つのではないかと思い、今の仕事に辿り着きました。

成塚　私たちもそうした、日本企業の改革に向けた「論理分解」のために、ＴＢＭを通じて切り込んでいければと思います。ありがとうございました。

（文中敬称略）

富士通改革の中でのTBM活用

富士通自身のDXとして、デジタル・IT・データの整備と活用が進んでいる。

目指すITの姿として、①グループ・グローバルで、1業務1システムとすること、②グローバルで標準化された業務ごとに、1つのシステムで実装すること、③クラウドファースト（独自データセンター、ネットワークを廃止）などを掲げている。

その実現のために、TBMのソリューションであるApptioを活用し、「ITコスト総額のグローバルな可視化」を完了し、「TBMによるITコスト管理の高度化・詳細分析」「4層のデータモデルによる分類・集計」を展開している。

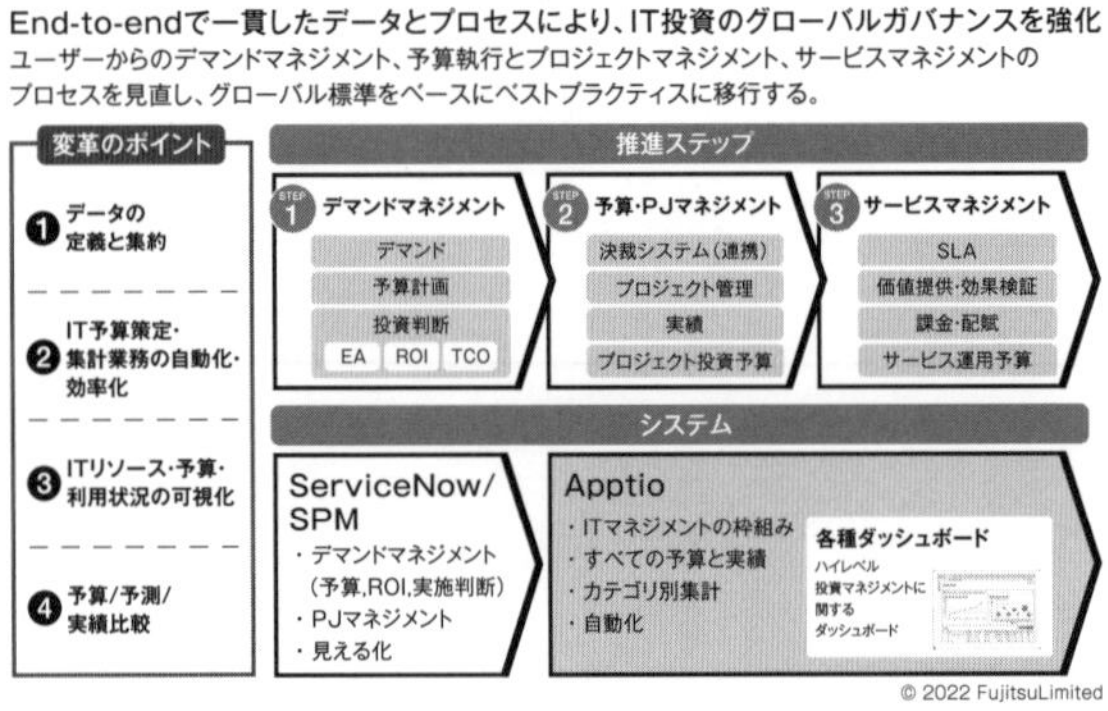

図9-1　富士通におけるデジタル・IT・データの整備と活用

「IT」×「ファイナンス」を共通言語でつなぎ、変革する

株式会社資生堂
グローバルIT戦略部　戦略G　マネージャー
株式会社資生堂インタラクティブビューティー
IT本部　改革推進G　グループマネージャー

飯尾　理佳　氏

新卒より国内の教育系事業会社にて、IT領域およびIT領域以外での新会社設立や事業統廃合の中で財務会計・管理会計・労務・税務などを担当し、あわせて商品開発系ITプロジェクト管理に従事。その後ITファイナンス責任者を務める。2020年2月より現職。

資生堂がApptioを導入した背景

成塚　２０２０年４月の日本法人の設立後、初めて採用いただいたお客様が資生堂です。今回、導入から実装までを統括していただいた飯尾さんになぜＡｐｐｔｉｏを導入したのか？　そして、今後についてお伺いできればと思います。

飯尾　ありがとうございます。実はＡｐｐｔｉｏの存在を知る前に他社の方とお話しする機会があり、そこで彼らが「サーバー一台一台の電力量を見ながらそのコストを事業部門に配賦をしている」というお話をされていて「どのようにやっているのだろう？」と疑問に思っていました。Ａｐｐｔｉｏに出会ってから、その会社の方とさまざまなコミュニティでお会いすることがあり、「なるほど、これだったのか」と後で合点がいったという経緯があります。成塚さんから最初のご紹介を受けた数カ月後に、ＰｏＣを実施させてもらいました。その結果、これは資生堂ＩＴ部門の課題に対して解決策になると考え、本格導入を決定しました。実際の要件定義を始めたのが２０２１年の３月からでしたでしょうか。

成塚　確か、ＩＴ予算管理や可視化の高度化だけでなく、最終的にはアプリケーションやＩＴサービスのコストを海外の現地法人や事業部門へチャージバック（課金）をしたいという要望を当時からいただいていたと記憶しています。

飯尾　そうですね。そのあたりの業務はマニュアル作業に依存していましたので、改善したいと考えていました。特にこれからグローバルレベルでのプロジェクトが増えていく中で、海外リージョンに対して複雑なチャージバックの手作業は避けていきたい。例えば、チャージ額についてもＥｘｃｅｌで手計算していましたから、これは変えていきたい。とりわけ、社会や資生堂自身の変化の速度が加速している中で、ＩＴ領域におけるファイナンスのプロセスを点ではなく面で変えていく必要性を強く感じてＡｐｐｔｉｏの導入を決めました。

成塚　アプリケーションやシステム単位で課金を実施していくことを考えた際に必要となるのは、再現性ももちろんですが、課金される側への納得感の提供も重要です。経営層だけでなく、ステークホルダーから課金額について「なぜ（Ｗｈｙ）」と問われた時にロジカルに答えるには原価や原価構成について整合性が取れている必要があります。その意味において、ＴＢＭの価値を感じていただけたのではないかと思っています。特にグローバルになればなるほど、Ｗｈｙの部分は求められていくかと思います。

飯尾　そうですね。きっかけはまさにそこでした。これはどこの会社も同じだと感じていますが、いわゆるＩＴの専門会社でないと、会計上のデータからＩＴの状況が見えづらく、わかりづらい。例えば資生堂は消費財の会社のため、ＩＴで使う勘定科目は限られています。それゆえ、場合によっては、アプリケーションの費用とサーバーの費用が全部同じ科目に入ってしまいます。

成塚　そのような状況下においては、勘定科目だけではＩＴコストについて何も語れなくなってしまうわけですね。

飯尾　おっしゃる通りです。分析に適したコード体系が揃っていないとデータを取っただけでは、どこに投資をし、どのようにネットワークやサーバーを使っているか、といったＩＴ目線で重要なことがわからない。そこで「共通言語」が必要となりました。

ＩＴとファイナンスをつなぐ「共通言語」が求められる

成塚　ＩＴの投資管理体系の考え方が、まだ未成熟だと感じています。

飯尾　そうですね。伝票の明細テキストを見て、どの費用か推測するような世界で、目視でチェックすることが多いです。これは私の前職でも同様でしたから、特定の会社に限った状況ではないと思います。多くのＩＴ費用を管理している方に共感していただけるのではないでしょうか。そして、グローバルで投資が大きければ大きいほど、共通言語になりうるツールが必須になると感じていらっしゃるはずです。

成塚　ＩＴのファイナンス部分を、共通言語化するためには、管理粒度をグローバルで揃えていく必要があったということですね。ＡｐｐｔｉｏのベースにあるＴＢＭは、ＩＴファイナンスの実践的な方法論で、すでに全世界１８００社以上で活用されている。資生堂はそこに合わせていくということですね。

飯尾　はい、今まさに実践しているところです。とはいえ、グローバルで一気に展開というのは大きなチャレンジです。私たちは日本の会社ですから、まず、日本で展開しました。例えばＩＴのプロジェクトマネージャーが自分のコストの予実をＴＢＭの考え方にあてはめて、管理できるかどうかを試してみました。結果は思った以上にプロジェクトマネージャーがＴＢＭの考え方に沿って基礎データを作れることがわかりました。ＡｐｐｔｉｏやＴＢＭはＩＴの担当者にとってわかりやすい考え方なので、このようなことができたのだと思います。ＴＢＭはＩＴとファイナンスをつなぐ共通言語になると確信しました。

成塚　ちょうど昨日、あるお客様と話をしたときに、ＴＢＭについて、そのコンセプトや方法論について、非常に良いと評価していただきました。将来的に間違いなく必要になると。ただ、これは相当に大がかりな取り組みをしないといけないという印象を持たれていました。つまりＩＴのファイナンスについての管理体系を根本的に変えなければいけないと思われていたようです。一方、飯尾さんのお話を伺うと、そんなことはなく、ＩＴ系の人でもできるということですよね。私もそう信じています。

飯尾　ＩＴ担当者が意識しなくても、ＴＢＭにはファイナンスに自然とつながる考え方があります。裏のマスタデータをセットする部分では、ファイナンスの知識が必要ですが、基本設計さえしっかりとしておけば、ＩＴの新人1年生がファイナンスのことは全くわからない状態でデータを入力したとしても、気が付いたらファイナンスのデータにつながっている状態にすることができる仕組みになっていると思います。

成塚　今はどのようなフローになっていますか？

飯尾　今はプロジェクトマネージャーなどのプロジェクト申請者が、プロジェクトの状況、何がどれくらい、どのタイミングで支払いとして発生するかというのを報告し、Ａｐｐｔｉｏ側でＰ／Ｌへのデータを計算しています。ＩＴ担当者は、自分のプロジェクトで何を、いくら、いつ払うかをとても意識して仕事をしています。でも、例えば前払費用の償却になると、「償却とはどのように計算するのですか？」となってしまうことがあるかもしれません。この領域になると、ファイナンスの世界ですから、百人以上いるＩＴメンバーにはＩＴの本業部分ほど深い知見がないこともあります。Ａｐｐｔｉｏがあるからこそ、ＩＴとファイナンスのギャップを埋めることができます。

マスターの構築は、「ローマは一日してならず」

成塚　以前、国内での構築にあたって、話をした時、マスターの重要性を説かれていました。アセットを買った時の勘定科目や償却月数や……。

飯尾　そうですね。そのあたりは全部重要です。契約関連もそうだと思います。これはどのような契約で、それはどの勘定科目に紐づいて、そしてどのようにアモタイズ（Amortization：償却）していくのかをＡｐｐｔｉｏの中で定義していく必要がありますよね。アモタイズ方法は自分で選択できますが、ファイナンスに紐づくマスターを設計してしまえば、ファイナンスの知識がそれほどなくても、ファイナンス観点で、どのように見るべきかがわかる仕組みになっていると思います。
マスターがなぜ重要かというと、Ａｐｐｔｉｏの特性を理解し、自社の経理データの流れを把握した上で、データをうまく連携させるためのプリセットだからです。これを間違うと、Ａｐｐｔｉｏ側で見たいデータが表示できないし、ＳＡＰにつなげた場合は、ＳＡＰにも変なデータが入ってしまいます。そのためにマスターについては、掘り下げて設計し、構築しなくてはいけませんでした。

成塚　Ａｐｐｔｉｏ、ＴＢＭをご検討いただいているお客様が、資生堂にユーザー訪問されて相談されていた際、飯尾さんは「ローマは一日にして成らず」とおっしゃっていましたね。それは、一回マスターを作っても、さらに練度を上げていくっていうことでしょうか。

飯尾　その通りです。最初にデータの動きが見えてきたら、次はこの粒度だと見にくいからもう少し分解してみようとか、反対にこれは粒度が細かすぎるのでＡｐｐｔｉｏで見たときに逆によくわからなくなるかもしれないので少しまとめて一個のプロジェクトを登録しようとか、改善すべきポイントが見えてくる。徐々に知見が蓄積されていくイメージです。

成塚　結構、旅＝ジャーニーですね。

飯尾　まさにジャーニーそのものです。1年で素敵なものができるわけではないというのが、正直な感想です。お話を伺った他社様では「（Ａｐｐｔｉｏは）５年ぐらい取り組んでいます。」とおっしゃっていました。わかる気がします。続けていくうちに、もっとここは改善した方がよいのでは？　などが出てくるのだと思います。私たちは日本でのファーストユーザーではありますが、ちょうどスタート地点に立ったところなので、これからだと思っています。データが揃えば揃うほど、ＡｐｐｔｉｏとＴＢＭの活用が進めば進むほど、効果を実感できているので、今後が楽しみです。

組織において、ＴＢＭを実践・先導していくべき人材とは？

成塚　飯尾さんは資生堂でグローバルなＴＢＭ実践者としてキーパーソンになっています。データを成長させていく、ガイドラインを提供していくなどの役割を担う人には、どのような能力が必要なのか、他のお客様からもよく訊かれます。大手の銀行さんからも、今後は自分たちで回していきたいが、どのようなスキルセットの人が何人ぐらい必要なのか？　などの質問をいただきます。飯尾さんなら、どのように答えますか。

飯尾　スキルセットで言うと、これは他社の方がおっしゃっていたかと思うのですが、開発や

ＩＴがわかっている人がチームにいるのが望ましい。また、ファイナンスの専門家という人よりも、「ＩＴもわかっているファイナンスの人」つまりＩＴの開発担当者とも多少は会話ができて、ファイナンスを知っている人がベストだと思います。

成塚　なるほど。

飯尾　ただ、正直に申し上げて、そういう人材はあまりいませんよね。会社では通常、ＩＴの知識を持つ人と、ファイナンスの知識を持つ人は別なことが多いので、チーム編成が重要になると思います。ファイナンス側からＩＴを見ている人、そしてＩＴの開発現場で管理業務もできる人など、一人ではなく混成チームが現実的な落としどころかもしれません。規模感については、その会社がどこまでやりたいかに尽きます。海外展開も検討されているようであれば、海外の体制にもよると思いますが、各リージョンに対して、しっかりと話ができる人が求められますね。それぞれのリージョンで数字を見ることができて、ＩＴもわかる人が一名もしくは二名いると、スムーズに回っていくと思います。

ITとファイナンスが経営に求められる二大要素

成塚　ＴＢＭを育てている状態の中で、具体的に効果が見え始めていると思いますが、いかがでしょうか？

飯尾　そうですね。明らかに、どこに何を使っているかが見えるようになってきていると思います。そして、そのことによる効果も見え始めてきています。特筆すべきはライセンス関係ですね。Ａｐｐｔｉｏの場合は、契約の段階で将来のＰ／Ｌへのインパクトを把握することができます。例えば、支払いが終わるとデータが経理財務にいくため、それによるＰ／Ｌへのインパクトについて担当者は把握しにくいこともあり、また、次の請求書が来るまでデータ上でもわからないといったことが解決されます。

成塚　資生堂はグローバル企業です。現在の日本の課題を飯尾さんの立場からお伺いしてみたいと思っています。ＩＴ部門が果たせる役割など、どのようにお考えですか？

飯尾　ＩＴ部門の重要度は高まってきています。これからの会社の経営にＩＴは絶対欠かすことができない。もともとファイナンスは必要不可欠だと思いますが、ＩＴとファイナンス、この2つはより重要な要素になると思います。日本の会社2社で働いてみて、ＩＴのファイナンスについてやはり弱いと感じます。なぜ弱いのかと考えてみると、明確なデータで語りにくいからなのではないかと思います。ファイナンス側では、ＩＴコストを減らしてもらいたいと思っても、ＩＴの説明は「これは固定費なので」といったことも多く、本当に固定費なのか掘り下げることがしにくい。それは、「よく見えないから」だと思います。ＩＴ担当はファイナンスがわからず、ファイナンス担当はＩＴがわからないという事態が発生するのは、双方で話し合える共通言語やデータが少ないためだと思います。ＩＴとファイナンスにおける共通言語があれば克服できると考えています。

成塚　これからほとんどＩＴとファイナンスがより重要な要素になっていくという中で、ＩＴ部門の立ち位置があまり高くはないと聞きます。それはなぜかというと、活動内容や提供価値をきちんと説明できていないからだと。

飯尾　そうですね、それはあると思います。経営側との間で新しい分野でもあるＩＴについてうまくコミュニケーションができていない可能性はあります。あと、ＩＴはどんどん変わっていきますよね。新しい技術が次つぎと登場してくるので、説明する側も説明を受ける側もスピードについていくのが大変ですが、経営陣に対して情報をインプットし、コミュニケーションを円滑にすることは非常に大切だと思います。技術的なところはＩＴの責任として、ＩＴとファイナンスをつなぐ共通言語を作る局面では、ファイナンス側から共通言語を作ることは難しいのではないかと思います。ＩＴ側からファイナンスに通じる共通言語を作るのが自然ではないかと思います。

成塚　なるほど。そうですね。ＩＴにすごく詳しい人は、会計はそれほど詳しくないですし。その逆もあるかもしれませんが。

飯尾　そうですね。なかなか難しいですよね。ＩＴとファイナンス、その二つは絶対無くならないですよね。今さらデジタルではなく紙や手作業に戻れないと思います。お金は企業活動に絶対必要なものだからこそ、この二つの架け橋が必要になると思います。

TBMは豊富な知見がある「グローバルコミュニティ」も魅力

成塚　資生堂は先進的に、日本のマーケットにおいて、たいへん早い段階でＴＢＭとＡｐｐｔｉｏを導入されました。ＴＢＭに対する今後の期待など、是非伺いたいと思います。

飯尾　どこまでやるべきかについては、会社ごとに全然違うと思います。私どもも、どこまでやればよいか、模索中の段階です。まずはデータを可視化した上で、今後の方向性を考えていこうと思っています。何をどこまでやるべきかを考える際のフレームとして、ＴＢＭは非常に役立ちます。しかし、どこまで可視化していくべきかについては悩ましいところが多いです。

ＴＢＭの良さでいうと、特にグローバルのコミュニティがある点が挙げられます。先日、Ａｐｐｔｉｏの基本思想などに触れる研修を受けさせていただきましたが、やはり良いなと思いました。他社の事例も知ることができ、その研修の中でも、あなたはどのような役割ですか？今現在困っていることは何ですか？　など、グローバルの参加者とチャットできます。このような取り組みは非常に良いと感じました。

ただ、日本市場については、逆にそこが課題感になります。日本市場はまだ始まったばかりなので、グローバルのように豊富な情報がない。ＴＢＭに関する知見がもっと日本でも貯まってきてほしいと思います。

成塚　非常に良いご意見ありがとうございます。日本のコミュニティを深化させていきます。

飯尾　Ａｐｐｔｉｏ社のソリューションは、ＩＴを理解されている方だったら、体感的にも受け入れやすいと思います。自分のレコードがどうつながるのかが、体感的にわかる分類になっていますが。実践しながらわかるのではないかと思います。ただ、そもそもの基本設計や思想については、やはりＴＢＭの本や今回のような研修を受けないとわかりづらいところはあるかもしれません。研修を受けて「上からの概念」を理解しつつ、自分の「足元のデータ」を見つつという両軸の進め方だと、理解の速度はかなり速まるのではないでしょうか。

成塚　知見を蓄積するためにも、より多くの企業の方々にＡｐｐｔｉｏ、ＴＢＭを浸透していけるように頑張ります。本日はありがとうございました。

（文中敬称略）

TECHNOLOGY BUSINESS MANAGEMENT

第4部

日本企業への貢献とビジョン

—— Apptio、そして多くのリーダーとの出会い

第10章

マイクロソフト、そしてApptioとの出会いで学んだもの

── TBM定着と日本への「貢献」のために

「誇り」の喪失と日本企業への違和感

2020年4月1日、Apptio株式会社を登記し、Apptio社のソリューションを日本のお客様に販売するというビジネスを開始しました。その時、社員は私ひとり、六本木ミッドタウンの6名用のシェアオフィスの一室で、社内資料の翻訳からスタートしたことを憶えています。新型コロナの感染拡大で世の中が騒ぎ始めた中、社員一人状態でビジネスをスタートすることになったのですが、不思議と不安や緊張はなく、これから色々なことが起こるのだろうと漠と考えていたように思います。

新卒で入社した日本総合研究所では、やはりそこそこの緊張感をもって初日を迎えました。初めて転職した日本マイクロソフトでは初の外資ということからやはり緊張感をもっていましたが、周りを意識して背伸びをする必要がなかったからなのか、そこそこの経験をしてきたからか、年齢なのか理由はわかりませんが、ワクワク感が先行していました。振り返ると、新卒の頃から日本企業に対する不思議さを感じていたような気がします。よく意味が見いだせなかったのは、まず朝礼でした。新卒で入社した日本総合研究所では4年間はエンジニアとして携わり、その後2年間は営業部に所属しました。営業部では毎朝8時30分から朝礼がありました。

自宅からオフィスの通り道にお客様先があり、10時からの打合わせがあったとしても、朝礼に参加するため一度オフィスへ行き、そこからお客様先に訪問するということをしていました。特段その朝礼に意味があるとは思えないのですが、周囲の人は疑問に思っていないようで、参加しない私はよく怒られました。

当時はインターネットのはしりで、新進気鋭のインターネット企業から新規案件をいただいたのですが、「わからないものには手を出すな」という上司の指示を受け、一度きりでおつきあいを終わらせられるということも経験しました。最たるものは横並びの評価です。営業二年目は結果も出ており、ターゲットを大幅に達成しそうだったのですが、最終営業日に予算が更改され、同期の営業と評価が横並びになりました。こう書いてくると、私はいじめられていたのかなとも思いますが、辞意を伝えた際、上司から三回にわたって引き留められたことを考えると、どうやら、単純に文化が違ったということになると思います。

今では、そのような日本企業は数少なくなってきていると思います。実際に現在の日本総合研究所の社長からお話をお聞きする機会もありますが、とても革新的で実行力のある方で、日本のＩＴを引っ張られている方です。しかし、当時はこれ以外にも、私から見て不思議なことをたくさん経験しており、その経験からか、今でもどこかで日本企業は何か違うと感じているのかもしれません。この感覚は、ひょっとすると就職氷河期だったことが起因しているのかもしれません。物心がついた時には「ジャパンアズナンバーワン」で、これから経済活動に参画するというタイミングでは「失われた10年」と呼ばれる時代に入り、就職活動期には外資系金融や外資系コンサルティング業界が持てはやされ、商社不要論や不良債権で邦銀が苦しんでいるニュースを耳にし、日本にどこか誇りを持てなかった感覚をまだ持っているのかもしれません。私の父親は日本郵船に勤めていたのですが、頻繁に日本経済の強さ、日本郵船の確たる歴史と使命、自身の仕事について小学生の頃から聞かされており、うっすらと日本に誇りを持っていたので、持っていたものを失ってしまったというのが正しいかもしれません。

日本総合研究所の後、日本マイクロソフトへ転職します。日本の会社が嫌だから外資系を希望したというわけではなく、ひょんなことが転機となりました。営業に異動して、二年が経つ頃、新規営業をメイン業務とする中で、とある外国籍の方から英語で電話がかかってきました。その部署には英語を話せる人があまりいませんでしたので、電話を替わると「貴社のソリューションを聞きたいので、説明しに来てくれ」とのことでした。聞いたこともない会社でしたが、もともと新規案件の発掘に心が躍る人間だったので、二つ返事で訪問の約束をしました。後日、先方オフィスに伺い、会社紹介とソリューションの説明を終えると、「私たちは転職エージェントなんだ。ＩＢＭとマイクロソフトのどっちがいい?」とのこと。ちょうど、「最終営業日予算更改横並び評価」を経験したあとだったので、「わかりました。行くかどうかわからないけど、とりあえず受けてみます」と答えて、初めての転職活動をすることになったのです。その結果、どちらからもオファーをもらえたのですが、マイクロソフトに転職することに決めました。その理由も安易で、マイクロソフトの採用担当者から呼ばれ、オファーレターの内容と条件の説明を受けていた時、その担当者が使っていたグーグルの検索エンジンがスクリーンに映し出されてしまいました。マイクロソフトはＢｉｎｇという検索エンジンを持っていますが、「こちらのほうが便利なので」という回答になぜか魅かれ、マイクロソフトに決めました。

日本マイクロソフトで芽生えた「日本への貢献」

この時から約12年の間、色々な意味での外資系を経験するわけですが、個人的に最も印象に残っている出来事は社名変更です。当時の日本法人の代表であった樋口さんが、マイクロソフト株式会社から「日本」マイクロソフト株式会社に社名を変更しました。「日本に根づく会社になる」という意味を込めたと聞いた時、素直に感銘を受け、過去持っていた日本に対する誇りが呼び起こされた感覚を憶えています。外資系で仕事をする中で、アメリカの良さを知ることもできましたが、同時に日本の良さを確認することもできました。出会うお客様やパートナー様と仕事をさせてもらう中で、日本企業が持つ歴史や、日本人の仕事のレベルの高さを知ったことからだと思います。そして日本マイクロソフト在籍中のどこかのタイミングから「微々たることしかできないかもしれないが、日本に貢献をしたい」という思いを持つようになりました。

在籍した日本マイクロソフトでは、一貫して大手法人のお客様を担当する営業に従事していました。流通サービス営業統括本部長を拝命してから三年間は、スマートリテールというコンテキストを作り、米国小売りのＩＴ先進事例を日本に持ち込み、ＡＩを駆使したスマートストアを日本のお客様とつくりあげる仕事を行なっていました。

Ａｚｕｒｅというクラウドプラットフォームの上にエッジの効いた国内外のスタートアップ企業のソリューションを動かし、日本国内のリテール業界に提案を行なうという活動は刺激的であり、日本に貢献するという自分の動機も維持することができていました。もちろん営業部隊でしたので、全体の売上数字には責任を持つのですが、幸運なことにメンバーが優秀で、数字は毎年好調であったことから、自分のやりたいことをやっていました。一方で管理職になってから頑なに守ってきたことがあります。それは「管理職は自分がいなくなっても回る組織を作るべし」「主役は現場にあり、管理職はメンバーを育てることを第一義におくべし」という元上司の方々からの言いつけです。

当時日本マイクロソフトでお世話になった上司の方々はＩＢＭ出身で、マネジメントについては大いに勉強をさせてもらいました。彼ら、彼女らの言いつけ通り、良いメンバーを集め、メンバーを育てるという意味で、メンバーからのお客様同行依頼は基本的には断り、一人で対応することでメンバーの実力をつけてもらうマネジメントスタイルをとっていました。

日本マイクロソフトの管理職は伝統的に膨大な社内事務作業が伴います。私のチームには二人の本部長がおり、その二人を育てるという名目でその業務もすべて任せるようにしていました。一年経つと組織は成長した姿で回りだし、結果も出ます。一方で私はだんだんと自らがやるべきことがなくなっていき、自分はもう要らない存在なのではないか？　と考えるようになっていました。

私は時間を持て余すようになり、今後のキャリアや転職などを考え出すようになります。この頃から「イチから組織の立ち上げを経験してみたい」「まだ日本にないものをお客様に提案していきたい」「日本のお客様を考えた、継続性のある仕事をしたい」「優秀なメンバーで一致団結して仕事がしたい」という気持ちが強くなり、カントリーマネジャーの職を探すようになります。探し始めたタイミングは日本マイクロソフトの期初にあたる7月であったため、年度初めのキックオフのミーティングで、何を思ったか、「遅くとも今年度いっぱいで僕は会社を辞めます。僕がいないことを想定して仕事をしてほしいと思っています」と宣言してしまいました。これはメンバーの成長を促すというスタイルを貫いたつもりだったのですが、後日、「あれはダメです。逆にモチベーション下がりますよ」であったり「まあ、成塚さんらしくてよかったのではないですか」などの報告を受けました。メンバーへの影響がかなりあったようで、少し反省をしました。

自分たちの部署向けに伝えたつもりだったのですが、この話はすぐに周囲に漏れます。当時の経営陣も私のそのような発言に気づき、やんわりと引き留めに入ります。ありがたいことに私を昇進させてくれ、また業務執行役員という、日本マイクロソフトでは、世間に見栄を張ることのできる役職など、色々なオファーをいただきました。最終的には米国本社の役員からも呼び出され、二時間にわたり「絶対に辞めるな」「小さい会社に言っても1年は立ち上げ準備に終わるだけだ」「やりたいポジションや行きたい国を言え。やらせてやる」という提案も頂戴します。そもそも立ち上げをやりたいと言っているのだが、と思いながらミーティングを終え、「ありがたいな、いい会社だったんだ」と過去形で考えていた自分を思い出します。ちなみにこの時、転職先は全く決まっていませんでした。

〝意志あるところに道あり〟とはけだし名言で、カントリーマネジャーの職を探しているとさまざまな紹介をいただくことになりました。認証基盤の会社、データ分析基盤の会社の案内を受け、とても素晴らしい話でしたが、プラットフォームはもういいかなという考えもあり、お断りをしました。

福田康隆氏との出会いとＡｐｐｔｉｏ

そうした日々の中、知人経由で、福田康隆さんにお会いしました。福田さんは現在、海外企業の日本市場進出を支援するジャパン・クラウド関連のＪＣＣコンサルティングという会社の代表者です。以前はマルケトの日本法人代表をされていた方で、『ザ・モデル』という著書でも有名です。福田さんとはカジュアルミーティングというかたちで1時間ほど話したのですが、「あ、この人、僕より頭がいいな」、「なんでこんなに謙虚なんだろう、この人から学びたいな」という印象を持ったことをよく憶えています。その後、福田さんからは2社ほど会社を紹介されるのですが、そのうちの一社がＡｐｐｔｉｏ社でした。福田さんもＡｐｐｔｉｏ社のソリューションについて造詣が深いというわけではなく、「欧米の大手法人のＩＴ部門が標準として採用しており、ＩＴ投資最適化を実現するソリューションを提供していると聞いています」というご紹介でした。自分なりに調べていくと、これはＣＩＯ向けのマネジメントプラットフォームであると理解し、興味をそそられました。

よく周囲の方から聞かれるのですが、Ａｐｐｔｉｏ社とＪＣＣとの間には資本関係はなく、ＪＣＣからコンサルティングサービスを受けているという関係になります。当初は資本関係がないために支援が手薄くなるのではという不安を持っていましたが、全くそんなことはなく、採用活動の支援もしてもらい、今でも福田さんとの月に二度のミーティングでは多くの示唆をいただいています。

日本マイクロソフトでは多くのＣＩＯと会い、ＣＩＯという職責の重さをひしひしと感じていました。システムの安定運用は絶対であり、トラブルが一度起きれば周囲から叩かれる。社長をはじめ周囲のステークホルダーからはＩＴコスト削減を要求され、一方でデジタルを活用した新しいイノベーションも求められる。このＣＩＯの方々に何らかの貢献ができるかもしれないという思いから、応募することを決めました。どうもＡｐｐｔｉｏ本社も急いで日本法人の代表となる人を探していたようで、その年の年末に、Ａｐｐｔｉｏ本社の役員とリモートで面接を行ないました。年が明けると、「出張でUSの西海岸に来るタイミングがあれば一度本社に立ち寄ってほしい」と連絡を受けます。ちょうど2月の第一週に出張が予定されていたため、出張に絡めて数日の休暇を取りました。Ａｐｐｔｉｏ本社の場所を調べると、馴染みのある場所で何か運命のようなものを感じました。マイクロフトの本社はワシントン州のレドモンド市にあるのですが、私は本社への出張の際は同じくワシントン州のベルビュー市にある、ハイアットリージェンシーを定宿としていました。Ａｐｐｔｉｏ本社はそのホテルから2ブロック先のビルとのこと。これはもう流れ的にＡｐｐｔｉｏ社に決めるんだろうなと感じたのです。

出張前に福田さんからＡｐｐｔｉｏ社のプレイブック（期初に自社社員やパートナーに向けて配布される戦略と戦術が記載された資料）を受け取り、読んだのですが、これがまた難しい。ＴＢＭ（Technology Business Management）という言葉をここで初めて知るのですが、ＴＢＭについての解説がないため、よくわからないのです。これをプレイブックに当たり前に載せているのは、相当身勝手で無神経な会社か、ＴＢＭという概念が市場に行き渡っているということなのか計りかねました。

出張が迫り、飛行機の中でもプレイブックを読むのですが、やっぱり理解できません。プレイブックの性質上、ＴＢＭの詳細は記載がないため、わからなくても当然なのですが、

「ＣＦＯ（最高財務責任者）にはＥＲＰ（Enterprise Resource Planning）が存在する。ＣＨＲＯ（最高人事責任者）にはＨＲＭ（Human Resource Management）が存在する。Ｃ

RO（最高収益責任者）にはCRM（Customer Relationship Management）が存在する。CIOにはTBMが存在する」との記載が印象的でした。

個性豊かなApptioのリーダーたち

ベルビュー市は、シアトル・タコマ空港からタクシーで北上すること20分くらいのところにあります。さらハイウェイを北上するとレドモンド市があり、マイクロソフトの「キャンパス」と呼ばれる広大な本社があります。途中でハイウェイを降りて、すぐにハイアットリージェンシーがあり、チェックインをしてからApptio本社を探すと歩いて5分のところにありました。もちろんマイクロソフトの本社とは比べものにならないくらい小さいのですが、日本からのお客様とよく会食をしていた場所の向かいにあり、控えめなロゴ看板にも親近感を覚えました。

出張案件を完了した翌日、Apptio本社で経営陣に会いました。4時間かけてCEOのサニー・グプタ、CFOのカート・シンタファー、CROのラリー・ブラスコとそれぞれミーティングを持ちました。ラリーを最初に見た際はエネルギーが凄いなあ、アメリカの戦争映画に出てくる軍曹みたいだと思いましたが、後で知るとアメリカ陸軍の元士官で、ジョージ・ワシントン大学出身でMBAを持っているとのことでした。ラリーからは「1年目はとにかくいいチームを作ってくれ、売上については考えなくていいから」とのことでした。外資系が長い私は、売上についてのコメントは話半分で聞いていたことを憶えています。

CFOのカートとの面接では、直感でこの人は頭がいいなと感じました。聞くところによるとCEOのサニーとは1社目の創業から一緒で、Apptio社は二人での2社目の創業とのことでした。後からの話ですが、創業1社目の会社はベン・ホロウィッツのオプスウェアに買収され、そのオプスウェアがヒューレット・パッカード（HP）に買収をされたため、サニーとカートはHPの社員だった時もあります。サニーが「2社目を創業したい。一緒にやらないか？」とカートを誘った際、カートは奥様にも相談せず、「いいよ」の二つ返事で何をやるかも聞かなかったそうです。

二人がApptio社を創業したあと、オプスウェア時代から一緒だったラリーと数人がベン・ホロウィッツに呼ばれ、「サニーとカートの会社を手伝ってあげたらどうか？」と提案を受けます。ラリーもそこから入社し、現在もApptio社は実質この3人がコアメンバーであり、3人のリーダーがいるかたちです。

最後はサニーとのインタビューでしたが、出会ったときから強い印象を受けました。始まってすぐに「1年目には2～3社のお客様と契約をしてほしい」と言われ、やっぱりそうだよね、と思いながら話を聞いていると、インタビューの後半には「1年目には5～6社と契約をしてほしい」と数字が増えていくのです。インド人ということもあり、マイクロソフトのサティア・ナデラとも親交があるようで、「いずれマイクロソフトのパートナーシップを組むつもりだ。その話を明日サティアとする。日本でもマイクロソフトとのパートナーシップを作ってほしい。あとはアクセンチュアともパートナーシップを深めていく。この部分も頼みたい」と、色々な要求が出てくるのです。3人の中でも一番バイタリティーを感じ、これが2社を興す創業者なのだと感銘を受けました。

「何か質問は？」とのことで、「あなたを見ていると、とてもバイタリティーを感じます。創業した1社目を売り、2社目のＡｐｐｔｉｏ社も一度上場をしていると聞いています。億万長者であるはずなのに、そのバイタリティーはどこから来るのですか？」と、今考えると自分の器の小ささを見せるような、下世話な質問をしました。サニーは「とにかくＴＢＭを色々な人に知ってもらいたい。そのためにはもっと大きな会社にする必要がある。確かにお金はそこまで必要ない。インドから２０００ドルだけ握りしめてアメリカにやってきて、ここまでやってきた。ある程度は成功したと思っている。だけど、Ａｐｐｔｉｏ社をもっと大きな会社にしたいんだ。そのためには周りの人の意見を聞かないといけないと思っている。ここは個人的に改善をしていかないといけないと思っている」と、質問に対してものすごく真摯に、自身の欠点についてもさらけ出し、対等な立場で答えてくれることに驚きました。

最後に人事担当役員と条件の話を詰め、その翌日に電話で人事の担当役員から正式採用の連絡をもらってから日本に帰りました。特徴のあるリーダーがいる会社で働けることや、マイクロソフトとは違って本社との距離が近いことも魅力でしたが、ＴＢＭという日本ではまだ全く知られていないものを広めることで、日本に貢献できるかもしれないということに最も魅かれていました。

スタートアップを支えるリーダー

２０２０年４月１日にＡｐｐｔｉｏ株式会社を登記し、一人目の社員として働き始めることになりました。設立１カ月目にはジャパンアップデートというミーティングがセットされ、日本におけるプランを説明しろとのこと。すでに存在する会社に入ったのであれば、このスピード感は普通だと思いますが、日本市場にエントリーして１カ月後に求められるとは思っていませんでした。幸い、1カ月の間に私はこれまでお世話になってきたCIOやITリーダーの方に挨拶しながら、社内資料に書いてあるお客様の課題が本当に在るのかを伺い、浅い理解ではあったものの、Apptio社のソリューションの紹介を行なってきていました。

ミーティングで1カ月の活動を前提に、考えている戦略を説明しだしたところ、すぐに質問がきます。レビュー全体を通して驚いたのは、サニーやラリーの日本のお客様に対する、執着と言っていいほどの好奇心です。

カスタマーオブセッションという標語を出す会社は、それが忘れ去られてしまったため、逆説的に掲げます。「One Team」などの標語も同様です。個人プレーが横行する文化を変えるため、そうした標語が出てくるのです。これは規模にもよるのかもしれませんが、マイクロソフトはこのような標語が多いです。グローバルで12万人の社員がいる会社と一千人少々の会社は当然異なりますが、Apptio社にはカスタマーオブセッションという標語はありません。それが当たり前だからです。TBMはサニーがそのコンセプトを立案したもので、現在は、体系化されていますが、TBMの中身を知れば知るほど、お客様が求めることを一途に追い続けた足跡を確認できます。

入社後にサニーから聞きましたが、Ａｐｐｔｉｏ社を創業した当時、何人ものベンチャーキャピタリストから「このテーマはＥｘｃｅｌで充分対応できる。Ａｐｐｔｉｏは売上高10億円を超えられない」と言われていたそうです。そう言われながらも、お客様の声を取り入れ、この方法論を確立し、これを支えるソリューションを作り上げてきたことに、創業者の凄まじさを感じます。私も日本法人の設立直後に同様の経験をしました。あるコンサルティング会社からリンクトイン経由で連絡をもらい、「ソリューションの紹介をしてほしい」とのことだったので、リモート会議に入ると先方は10名以上が参加され、一旦説明を終えると、「この領域はもう何年も前から我々が取り組んでいるテーマであり、これは日本では売れない。なぜならば…」と15分くらいかけて、Ａｐｐｔｉｏが売れない理由について、〝貴重な〟講義を受けたことがありました。私の場合は、すでにアメリカで売れているソリューションであったため、何とか心の余裕を保つことができましたが、まだ世になかった時期に、同じように言われながら、ここまでソリューションを作り上げたサニーには、尊崇の念すら持ちます。

炎のようなサニーに対してＣＦＯのカートは番頭的な立ち位置で、冷静沈着、優しさやリスペクトをもったリーダーシップを発揮します。立ち上げから3カ月目くらいまでは恐らく私のことが心配だったのでしょう、かなり細かいことを要求されたのですが、どこかのタイミングで、「マイクロマネジメントで悪いと思っている。軌道に乗ってきてからはアユムに全部任せるから」と言われたことを憶えています。

私の直属の上司にあたるラリーから学んだことはたくさんありますが、二つ紹介します。一つ目はラリーとのミーティングを終えると元気になっていることです。これは今までに出会ったことのない上司でした。とにかく明るく元気になる。また彼と話したくなります。

二つ目は共感力です。一度ラリーに「あなたのそのリーダーシップスタイルはどこから来るのですか？」と尋ねたことがありました。彼は「軍隊にいた時の経験から来ている」とのことでした。ラリーは陸軍に5年従事し、士官の職責でした。彼はペンシルバニア州の炭鉱夫の家で生まれ育ち、自分の家庭は1セントも無駄にしない環境だったとのことでした。陸軍に入ったのは、大学入学の奨学金をもらうためであったけど、士官としてリーダーシップについて多くを学ぶことができたとのことでした。ラリーはその後、ジョージ・ワシントン大学でＭＢＡをとっています。

彼のリーダーシップについて、より具体的に教えてほしいと頼むと、「日本語では区別があるのかないのかわからないけど、」という前置きのあと、「英語ではシンパシーとエンパシーという言葉があるんだ。俺はまずシンパシーをもって人に接する。だって、誰だって苦しいことや悲しいこと、大変なことを抱えているだろう。だから俺はそれにまず寄り添うんだ。そしてその後に一緒にやって行こうという思い、つまりエンパシーを持って人に接して、一緒にやっていこうと相手に呼びかけながら仕事をするんだ」と。これは凄い！と思いました。初めて見聞きしたマネジメントスタイルでした。陸軍の元士官のキャリアの中では極限の状態に置かれた経験があったのかもしれません。MBAというアカデミックな世界も経験されています。双方の経験からこういうリーダーシップスタイルが作られるのかもしれないと思い、自分自身も彼のようなリーダーになりたいと今でも思っています。

改めて日本企業への貢献を想う

ラリーはつい最近、来日しました。彼にとっては2回目となりますが、お客様やパートナーへ本格的に訪問するのは初めてになります。彼からは「日本の礼儀を教えてほしい」とのことで、同行中に敬称の「さん」の使い方、名刺の渡し方、会議室での座る位置などを伝えました。「あまり気にしないでいいですよ」とは言ったのですが、すべての訪問先できちんと実践していました。特に驚いたのは、いつもスーツを着て、バッグにはネクタイを入れていたことです。海外から来日した外国人はチノパンなど比較的ラフな格好でお客様を訪問することがよくあります。ましてやネクタイを持ってきている外国人とは会ったことがありません。「ネクタイを持って来日した本社の人は初めてです」と言うと、「西海岸の会社ではそういう人は少ないかもしれないが、Ａｐｐｔｉｏのお客様はエンタープライズのお客様が多い。だからネクタイをするし、スーツも着るよ」とのことでした。

ラリーはＡｐｐｔｉｏ日本法人のメンバーとも楽しく交流し、新橋の安居酒屋では日本のサラリーマン風景も見てもらいました。Ａｐｐｔｉｏ日本法人には大手の外資系企業に在籍していた社員が多く、ほとんどの社員が前職で本社からの役員をアテンドした経験があります。全員が口をそろえて、「こんなに協力的な本社役員は初めてだ」と言います。ラリーとは東京だけでなく名古屋のお客様も一緒に訪問しました。どのお客様との打ち合わせでもお客様の話をよく聞き、ＴＢＭだけでなく、Ａｐｐｔｉｏ社が持っている、パブリッククラウドコストの最適化のソリューションや、エンタープライズアジャイルプランニングという新たなソリューションについて、時間をかけてお客様に紹介していました。

ラリーの純粋な姿を見て、これまでの手垢を落とされた気持ちになり、私も改めて勉強になりました。自分のキャリアにおいて、日本企業から外資系企業に転職したあとや大手企業からスタートアップ企業に転職したあとに、日本企業の素晴らしさに気づく皮肉さもありますが、世界第三位の経済を支える日本企業に貢献したい想いを新たにしています。

２０２２年10月時点で、Ａｐｐｔｉｏ株式会社はまだ全メンバー20名の会社です。オフィスは六本木ミッドタウンの６名部屋から12名部屋に変わり、２０２２年11月からは丸の内に居を移します。これからも人数は増えていくと思います。１００名になったとしても、過去に日本の変革のきっかけとなった黒船とまでは言えませんが、そんな黒船の何かの部品くらいになれればと私たちは願い続けながら、これからも日本のために活動をしていきたいと思います。

第10章　マイクロソフト、そしてApptioとの出会いで学んだもの

おわりに

本書では、ＩＴコストやＩＴ予算の管理といった、企業におけるＩＴファイナンス全般の高度化をどのように実践するかについて、ＴＢＭという米国で生まれた方法論をベースに解説しました。経営を「ヒト・モノ・カネのマネジメント」と定義すると、本書はＩＴにかかわるカネのマネジメントについて述べたものです。理論だけではなく、具体的な実践方法についても説明したことで、かなり細かい叙述もありますが、テクノロジーに対する支出の増加が避けられない昨今において、テクノロジーを扱うリーダーの方々の参考になると信じております。

本書を発刊することを決意したのは社員からの訴えが大きいものでした。社員向け勉強会後の会食の際に、ある社員から「成塚さん、本を書いてください。本であれば何度も読み直せます」と懇願されたことがきっかけとなりました。当時は、必要としている方だけに個別で勉強会を行なっていけばよいだろうと考えていたのですが、ある時、社員から「お客様からも日本語でＴＢＭについて書かれた本はないのかとよく訊かれます」と聞き、求められている方が意外におられるのだと考え直して、出版することを決めたのです。

書中でも触れましたが、Ａｐｐｔｉｏ株式会社の立ち上げ時から、各社のＣＩＯの方々にＴＢＭについてご紹介してまいりました。そうした時期に、尊敬するＣＩＯの方から「自分の頭の中で考えていることがすべて表現されている」と告げられたことがあります。つまり、ＴＢＭとは、経験豊富なプロのＣＩＯが、肌感覚としてすでに有しているＩＴファイナンスマネジメントについて、体系化立てて言語化されたものであり、実装まで踏み込んだ方法論であるということです。

この終章を執筆している２０２２年11月24日の前夜、サッカー・ワールドカップの初戦において、日本はドイツに歴史的な大逆転で勝利しました。得点した選手、守り切った選手はもちろん素晴らしいですが、最も感銘を受けたのは、森保一監督の采配です。システムを前半の４―４―２から相手に合わせて３―５―２に切り替え、攻撃的な選手を一気に投入して逆転に導いたその采配から、森保監督が準備していたオプションの数と、選択したオプションを大舞台で発動する勇気と覚悟が勝利の要因ではなかったかと個人的に考えています。

ＴＢＭがすべてのＩＴリーダーにとっての魔法の杖になるとは思いませんが、ＩＴにかかわるリーダーや次世代のリーダーの方々にとって、成功のためのひとつのオプションになり得ることを願ってやみません。

最後に本書に関わった皆さまに感謝の言葉を捧げたいと思います。
今回の書籍化にあたって、対談にご協力いただいた富士通株式会社の福田 譲様、株式会社資生堂の飯尾 理佳様には改めて御礼を申し上げます。お二方との対談を通じて、IT部門経営の視点に立った課題、TBM実装における課題など新たなインサイトを得ることができました。また弊社に対するご期待を頂戴しました。

ジャパン・クラウド・コンサルティング株式会社の福田康隆様は『THE MODEL―マーケティング・インサイドセールス・営業・カスタマーサクセスの共業プロセス』(翔泳社)の著者でもあり、書籍化について身近なアドバイスをいただきました。本を書いてくれと社員から請われているとお話しすると、「社員向けの教科書という意味でもとてもよいと思います」と飄々と語られ、筆者も重い腰を上げることができたのだと思います。

弊社のマーケティング責任者の内田には、本書をドラフト段階から何度となく読み込んで、本書の構成、文章、内容ついて多くの指摘をまとめる制作の指揮を執ってもらいました。年間百冊以上の読書家、営業責任者の小倉には、全般的な校閲を担当してもらいました。Apptioの導入からサポートまでの責任を持つ東本には、TBMについていかに読者にわかりやすく伝えるかについての議論に参画してもらい、本書の軸を深めることとなりました。それぞれの業務がある中で、三人は本書の刊行に情熱をもって取り組み、また、投げやり癖がたまにでる筆者を我慢強くなだめ、完成にこぎつけることができました。

社会人20周年の節目に、多くの皆さまのご協力をいただきながら、このような本を出版することができました。改めて深く御礼申し上げます。ありがとうございました。

Ａｐｐｔｉｏ株式会社 代表取締役社長　成塚 歩

INDEX

本書内容に関するお問い合わせについて

このたびは翔泳社の書籍をお買い上げいただき、誠にありがとうございます。弊社では、読者の皆様からのお問い合わせに適切に対応させていただくため、以下のガイドラインへのご協力をお願い致しております。下記項目をお読みいただき、手順に従ってお問い合わせください。

●ご質問される前に

弊社Webサイトの「正誤表」をご参照ください。これまでに判明した正誤や追加情報を掲載しています。

正誤表　https://www.shoeisha.co.jp/book/errata/

●ご質問方法

弊社Webサイトの「書籍に関するお問い合わせ」をご利用ください。

刊行物Q&A　https://www.shoeisha.co.jp/book/qa/

インターネットをご利用でない場合は、FAXまたは郵便にて、下記“翔泳社愛読者サービスセンター”までお問い合わせください。

電話でのご質問は、お受けしておりません。

●回答について

回答は、ご質問いただいた手段によってご返事申し上げます。ご質問の内容によっては、回答に数日ないしはそれ以上の期間を要する場合があります。

●ご質問に際してのご注意

本書の対象を越えるもの、記述個所を特定されないもの、また読者固有の環境に起因するご質問等にはお答えできませんので、予めご了承ください。

●郵便物送付先およびFAX 番号

送付先住所 〒160-0006　東京都新宿区舟町５
FAX番号 03-5362-3818

宛先　（株）翔泳社 愛読者サービスセンター

※本書に記載されたURL等は予告なく変更される場合があります。

※本書の出版にあたっては正確な記述につとめましたが、著者や出版社などのいずれも、本書の内容に対してなんらかの保証をするものではなく、内容やサンプルに基づくいかなる運用結果に関してもいっさいの責任を負いません。

※本書に掲載されているサンプルプログラムやスクリプト、および実行結果を記した画面イメージなどは、特定の設定に基づいた環境にて再現される一例です。

※本書に記載されている会社名、製品名はそれぞれ各社の商標および登録商標です。

【著者紹介】

成塚 歩（なりづか　あゆむ）

Apptio株式会社 代表取締役社長

慶應義塾大学卒業後、日本総合研究所に入社。システムエンジニア、大手法人向け営業を経て、2008年に日本マイクロソフトに転職。以後12年間にわたり、エンタープライズ向けにビジネスを展開。直近ではSmart Storeのイニシアティブを立ち上げ、日本の小売業界向けのDX支援を推進。業務執行役員 流通サービス営業統括本部長を務めた後、2020年、Apptio株式会社に入社。代表取締役社長に就任。ビジネスに貢献するテクノロジー投資意思決定の高度化のためのメソドロジー Technology Business Management（TBM）についてメディアへの寄稿実施。NPO法人TBM Councilの日本支部を立ち上げ、日本のテクノロジー経営高度化に向けテクニカル・アドバイザーとして2021年4月より活動開始。

編集協力　中村 祐介（株式会社エヌプラス）

Editorial & Design by Little Wing

TBM《ティービーエム》 IT《アイティー》ファイナンスの方法論

2023 年 2 月 21 日　　初版第 1 刷発行

著　　者　成塚 歩

発 行 人　佐々木 幹夫

発 行 所　株式会社翔泳社 (https://www.shoeisha.co.jp)

印刷・製本　株式会社広済堂ネクスト

本書へのお問い合わせについては、255 ページに記載の内容をお読みください。

乱丁・落丁はお取り替えいたします。03-5362-3705 までご連絡ください。

ISBN978-4-7981-7758-8　　Printed in Japan